POLÍTICA SOCIAL NO CAPITALISMO TARDIO

Dados Internacionais de Catalogação na Publicação (CIP)
(Câmara Brasileira do Livro, SP, Brasil)

Behring, Elaine Rossettti.
Política social no capitalismo tardio / Elaine Rossetti Behring. – 5. ed. – São Paulo : Cortez, 2011.

Bibliografia
ISBN 978-85-249-0686-2

1. Capitalismo – Aspectos sociais 2. Economia marxista 3. Política social 4. Serviço social – Aspectos políticos I. Título.

98-2921 CDD-361.25

Índices para catálogo sistemático:

1. Política social e economia capitalista : Análise marxista : Problemas sociais 361.25

ELAINE ROSSETTI BEHRING

Francisco de Assis Varela de Souza

POLÍTICA SOCIAL NO CAPITALISMO TARDIO

5ª edição

CORTEZ EDITORA

POLÍTICA SOCIAL NO CAPITALISMO TARDIO
Elaine Behring

Capa: DAC sobre layout de Márcia Carnaval
Preparação de originais: Ana Maria Barbosa
Revisão: Maria de Lourdes de Almeida
Composição: Dany Editora Ltda.
Coordenação editorial: Danilo A. Q. Morales

Direitos para esta edição
CORTEZ EDITORA
Rua Monte Alegre, 1074 – Perdizes
05014-001 – São Paulo – SP
Tel.: (11) 3864-0111 Fax: (11) 3864-4290
E-mail: cortez@cortezeditora.com.br
www.cortezeditora.com.br

Impresso no Brasil – março de 2011

Para meus pais, Sérgio e Vera.

Sumário

APRESENTAÇÃO

Desde meados do século passado — mais exatamente, desde a grande crise sociocultural que politicamente se expressou nas revoluções de 1848 — as tendências dominantes no pensamento ocidental seccionaram a análise social da análise econômica. O signo emblemático desta fratura é a emergência da Sociologia enquanto ciência autônoma — seu projeto original consistia precisamente na constituição de um saber sobre a sociedade que abstraía da sua análise as relações econômicas.

Conhece-se, seja a partir da crítica marxista (Marcuse, Lukács), seja com o aporte de análises alternativas (Gouldner), a complexa multicausalidade desta secção, de um lado e, de outro, as suas deletérias implicações para uma rigorosa pesquisa da estrutura e do movimento da sociedade. Implicações que incidiram, desde então, sobre o conjunto do pensamento social do Ocidente: por uma parte, as tendências afinadas com a ordem estabelecida alocaram o estudo das relações econômicas a uma disciplina especializada, a Economia, desistoricizando-as ao mesmo tempo em que erguiam ciências sociais (e/ou humanas) desconectadas de efetivas determinações econômicas; por outra, as tendências analíticas originalmente centradas na crítica da Economia Política também tiveram neutralizada a sua radicalidade, abastardando freqüentemente o resgate das determinações econômicas num economicismo de viés positivista. Numa palavra: em todo o espectro do pensamento social do Ocidente, ficou medularmente comprometida a constituição de uma teoria social totalizante que, arrancando da crítica das relações materiais de produção e reprodução da sociedade, fosse capaz de dar conta quer da autonomia relativa dos múltiplos níveis da socialidade (com suas particularidades estruturais), quer da totalidade concreta e dinâmica que tais níveis articulam na efetividade histórica da sociedade. Donde o panorama que, nas décadas de 50 e 60 do nosso século, os mais diversos analistas (Mills e Lefebvre, entre muitos) registraram no pensamento social do Ocidente: as *ciências da ordem*, travadas pelo positivismo e pelo neopositivismo, pulverizando seu objetivo e numa crise de legitimação progressiva; no contraponto, as várias vertentes do *marxismo-leninismo*, prisioneiras de distintos determinismos mecanicistas.

Este cenário, constatado e criticado a partir de ângulos diversos já nos anos 60, não foi revertido nas três décadas subseqüentes. É verdade que movimentos e inflexões significativos se verificaram em diversos espaços do espectro teórico-cultural — não se pode negar, por exemplo, a relevância dos esforços lukacsianos, a partir da ênfase na dimensão ontológico-social da teoria de Marx, para promover o que o velho filósofo denominava *renascimento do marxismo*; igualmente é indiscutível a importância, por exemplo, no campo da Sociologia, dos empreendimentos *críticos* ou *radicais* (além daqueles inspirados por Mills, há que contabilizar os que provieram de determinadas particularidades histórico-culturais, como aquele corporificado, no Brasil, no magistério de Florestan Fernandes).

Entretanto, tais giros não reverteram o cenário indicado — antes, este se viu ainda mais problematizado, nos últimos trinta anos, pelo conjunto de processos sócio-históricos que redundou na *crise global* com que se encerra o nosso século. Esta crise global expressa-se, no plano do pensamento, por uma série de traços já minimamente estudados (Mészáros, Jameson, Harvey *et alii*), mas todos eles conducentes à interdição e ao cancelamento da própria hipótese de uma teoria social inclusiva e abrangente — quanto a isto, são eloqüentes as expressões do pensamento *pós-moderno*.

Os traços que, no plano do pensamento, expressam a *crise global* (e que só sumariamente podem ser elencados aqui: a desqualificação da razão, a crítica ligeira e irresponsável aos *paradigmas* teóricos clássicos, a negação dos nexos pluricausais na dinâmica social, a desconsideração da materialidade e da objetividade das práticas sociais, o desprezo pelo *caráter de totalidade* da vida social, entre outros) resultam, antes de tudo, do *empirismo* que enferma as tendências dominantes do pensamento ocidental. A capitulação deste pensamento à imediaticidade da vida social contemporânea é um componente central e constitutivo daquelas tendências, componente socialmente determinado e que, em larga medida, responde pelo cancelamento da possibilidade da teoria social.

A força deste componente é flagrante nas construções intelectuais produzidas no espaço acadêmico (quer se trate da academia dos centros capitalistas, quer se trate daquela das periferias). Mesmo correndo o risco — aqui inevitável — da simplificação, não é incorreto afirmar que o velho empirismo dá a tônica do grosso da produção acadêmica. Contudo, trata-se de um empirismo social e politicamente muito conveniente, na escala em que legitima, pelo recurso aos *fatos* e à *realidade*, o abandono de todo um elenco de ideais e projetos que, na ótica dominante, configuram *utopias* anacrônicas (quanto a isto, a recusa, nem sempre explicitamente assumida, da perspectiva teórica de Marx pelos marxistas e comunistas que se *reciclaram* no pós-89 é elucidativa).

E não é exagero observar que atualmente, no âmbito acadêmico, contam-se nos dedos de uma mão as tendências teóricas que se situam criticamente em face do empirismo dominante. As duas mais relevantes, sem dúvida, são aquelas que, por um lado, partem de um resgate crítico da teoria marxiana e, por outro, da impostação teórica do último Habermas. Trata-se de tendências que, mesmo apresentando traços compatíveis e complementares no enfrentamento do *pensamento pós-moderno*, são substantivamente conflitantes. Mas se a última goza (e, como diria Mészáros, não por acaso) de alguma simpatia, o mesmo não pode se dizer da outra: assumir a herança de Marx, também no *establishment* acadêmico, é correr o risco de rótulos pouco edificantes — *atrasado, sectário, totalitário, reducionista* etc.

A esta altura, o leitor pode indagar a que vêm estas observações — serão elas pertinentes na "Apresentação" de um texto que, produzido no marco de uma investigação acadêmica sobre a temática da Política Social, centra-se basicamente na análise crítica de elaborações econômico-políticas derivadas de Marx? Obviamente, estou convencido dessa pertinência, mas devo justificá-la, ainda que de modo breve. E começo pela parte final das minhas observações.

A autora deste livro produziu-o, no marco de uma pesquisa acerca da natureza da Política Social nas balizas sociedade civil/Estado burguês, como parte de sua dissertação de mestrado em Serviço Social. Trata-se, essencialmente, de uma investigação acadêmica, subordinada às mais típicas exigências universitárias. E a autora teve a coragem intelectual de responder, de forma cabal, a tais exigências, enfrentando abertamente a vaga pós-moderna e os fortes preconceitos antimarxistas: o conjunto do seu trabalho, teoricamente fundado, assume inequivocamente as implicações ideopolíticas postas pela inspiração marxiana — vale dizer: para a autora, a pesquisa teórica deve vincular-se mediatamente à prática política, à perspectiva de classe (proletária e anticapitalista) e à projeção revolucionária de uma sociedade sem exploração, sem opressão e sem alienação.

Na contracorrente do empirismo e do irracionalismo vigentes nos meios bem-pensantes da universidade, a autora inscreve-se decididamente na tradição racionalista, humanista e revolucionária derivada de Marx. Neste sentido, o leitor tem em mãos um livro que não se destina a atender às demandas do chamado *mercado de bens simbólicos*, mas o produto de uma investigação que, socializando-se através da divulgação impressa, quer contribuir para a compreensão rigorosa e objetiva de aspectos cruciais da vida social contemporânea, animada ainda que foi pela convicção de que a *verdade teórica* serve à *prática* da transformação revolucionária da sociedade.

Este livro, todavia, não tem seus méritos hipotecados somente à coragem intelectual que o enfibra, mesmo que muito deva a ela: sua *qualidade intrínseca* radica especialmente nos seus supostos teórico-metodológicos, e aqui o ponto central: a autora, legatária da mais lídima impostação marxiana, parte da tese da indissociabilidade entre análise social e análise econômica, de onde a crítica da Economia Política constitui a sua chave heurística para a compreensão da totalidade social. O suposto teórico-metodológico da investigação da autora, aqui, é precisamente o que sustenta a constituição de uma *teoria social*, para além das divisões (falaciosas e ontologicamente insustentáveis) que cesuram as *ciências sociais*. Desnecessário é fazer notar, pois, que a autora opera no interior de um universo, teórico-cultural e crítico-analítico, que nada concede aos modismos ligeiros e superficiais que fazem a meteórica notoriedade dos intelectuais sintonizados com o *dernier cri* da academia (e da mídia).

Por estas razões, este livro reúne todas as condições para ser saudado pela intelectualidade que não se rendeu às pressões objetivas do poder das ideologias oficiais: nele está sintetizado, com rigor crítico (mas também, e necessariamente, com talento e paixão), o essencial dos traços pertinentes ao trabalho acadêmico que se impõe claras responsabilidades sociais. Os mesmos traços que, diga-se de passagem — e suponho que a autora, jovem mas não ingênua, tem presente esta possibilidade —, serão censurados pelos bem-pensantes de plantão.

Há que chamar a atenção, ainda, para a singularidade da contribuição teórico-crítica própria deste livro. Como já observei, o que agora se publica é parte de uma dissertação de mestrado (desenvolvida no Programa de Pós-Graduação da Escola de Serviço Social da Universidade Federal do Rio de Janeiro). A investigação da autora, centrada sobre um balanço crítico da literatura contemporânea que, no Serviço Social, trata da problemática da Política Social, levou-a a notar que uma das suas debilidades principais reside na carência de uma análise da economia capitalista atual. Em vista disto, a autora investiu na pesquisa de algumas análises marxistas acerca desta economia, com o objetivo de mostrar que, sem uma fundamentação econômico-política adequada, o tratamento da Política Social tende a derivar num politicismo teórico e praticamente enviesado e improdutivo. Assim é que elaborou uma síntese crítica das concepções de autores extremamente relevantes (Sweezy, Baran, O'Connor, Aglietta e Mandel) como via para apreender a efetividade do capitalismo contemporâneo e, no âmbito desta efetividade, compreender mediatamente o estatuto, a funcionalidade e a operacionalidade da política social.

Autonomizada da sua dissertação, esta síntese crítica é um instrumento fundamental para subsidiar o estudo da Política Social — e esta determinação não diz respeito somente aos assistentes sociais. Com efeito, em parcela dominante da documentação sobre Política Social, produzida por assistentes sociais, mas também por sociólogos e cientistas políticos, constata-se o mesmo *politicismo* que a autora verificou no seu âmbito profissional. Eis por que este livro interessa objetivamente ao conjunto dos teóricos do social, inclusive aos economistas. Produzido no interior do debate do Serviço Social, o texto cobre demandas teóricas e analíticas que são pertinentes a todos os que pretendem um conhecimento rigoroso da dinâmica social contemporânea.

Não posso finalizar esta "Apresentação" sem deixar explícita, para o leitor, a consciência que tenho de que estas páginas introdutórias sinalizam uma profunda admiração pelo projeto de trabalho da autora, que extravasa largamente o texto agora publicado. Não se trata de uma eventual convergência teórica e/ou política (que ela existe, substantiva, a par de divergências e discrepâncias); trata-se antes, do resultado do aprendizado que tive e tenho com Elaine Behring, primeiro como seu orientador e, em seguida, como seu *compagnon de route* no Serviço Social e fora dele. No marco de nossas polêmicas e diferenças, aprendi e venho aprendendo a respeitar uma jovem que, com a autonomia intelectual feita de uma firmeza teórico-política que não empalidece a doçura pessoal, está oferecendo e, seguramente, oferecerá ainda mais, uma contribuição de peso ao pensamento progressista brasileiro. Neste sentido, a oportunidade de escrever esta "Apresentação" é também a de pegar uma carona no seu talento, pela primeira vez configurado num livro.

José Paulo Netto

Rio de Janeiro, verão de 1998

AGRADECIMENTOS

Esse livro é um momento de consolidação profissional e de expressão de um projeto de vida. Ele reúne parte dos estudos que realizei por ocasião do Mestrado, mas é, sobretudo, um resultado impensável sem a minha trajetória anterior, quando resolvi "ser *gauche* na vida" (Drummond). Longe de confirmar os prognósticos de arroubo juvenil dos idos de 1981, minha inserção militante e intelectual ao longo desses anos — com muita transpiração no estudo da economia política — fez amadurecer convicções anticapitalistas. Essa sociedade é incompatível com a democracia nos sentidos econômico e político, uma condição para a existência de homens e mulheres inteiros, ponto de vista que está presente nesse texto, quando sugiro um olhar sobre a política social.

Foram muitos os coletivos, os companheiros, amigos, mestres e alunos que compartilharam desse percurso, e participaram, diretamente ou não, do processo de produção deste livro. Não caberiam nessa página... Contudo, não poderia deixar de fazer alguns agradecimentos especiais. Eles vão, inicialmente, para Rossana Bossi e Bid Teixeira, por meus primeiros passos no marxismo, no movimento estudantil, na esquerda, na vida. É um presente ter José Paulo Netto como mestre, amigo e interlocutor: muito obrigada por tudo. Também gostaria de registrar minha dívida para com Carlos Nelson Coutinho, João

Antônio de Paula (CEDEPLAR/UFMG), Nobuko Kameyama, Marilda Iamamoto e Maria Durvalina Fernandes Bastos, professores da Escola de Serviço Social da UFRJ que impulsionaram esse movimento em períodos diferentes; bem como a Ana Elizabeth Mota, Emir Sader, Sulamis Dain, João Sabóia e Eli Diniz, por inspirações mais recentes. Aos alunos da UERJ, obrigada pela interlocução e pela paciência, especialmente de meus monitores de Fundamentos de Política Social e pesquisadores "orçamenteiros". Aos professores da UERJ, com destaque para o Departamento de Política Social e integrantes do Programa de Estudos do Trabalho e da Reprodução Social (PETRES), onde alguns colegas levantaram ao longo dos últimos oito anos questões que me fizeram pensar e crescer, particularmente no contexto da revisão curricular da UERJ. Aos companheiros de militância do conjunto CFESS/CRESS, uma experiência que mudou e enriqueceu meu olhar sobre as questões profissionais, desde 1993, e sobretudo hoje no CFESS. À Beth Borgianni, Lúcia Barroco e Rosângela Batistone, pelo incentivo. À Conceição Varoni e Vera Kostolias, por seu suporte e carinho. À Márcia Carnaval, pela arte da capa e artes que já fizemos nesses anos todos. Por fim, um *cariño* para Mione, companheira de todas as horas, sendo as menos importantes as que consumiu com a leitura, revisão e sugestões para este livro.

INTRODUÇÃO

Este livro reúne estudos sobre a complexa e contraditória relação entre política social e capitalismo, buscando caminhos para responder a uma pergunta recorrente ou subjacente entre os que debatem a temática da política social: há compatibilidade entre bem-estar social e acumulação de capital? Desta decorre outra questão: o *Welfare State* é uma experiência generalizável no mundo do capital, ou está circunscrita a um espaço geopolítico e a circunstâncias e condições históricas específicas?

Há quem diga que a política social é um conjunto de inevitáveis "escolhas trágicas" no interior da tensão entre acumulação e eqüidade (Santos, 1987). Há quem explicitamente submeta tais escolhas ao crescimento econômico, diga-se, à acumulação de capital (Abranches, in Coimbra, 1987). De minha parte houve, desde os primeiros estudos sobre política social, uma grande insatisfação com tais leituras. Por outro lado, também não me contemplavam nem a "hipótese do engodo", nem a "hipótese da conquista", que marcaram o tratamento conferido à temática por segmentos da tradição marxista, como sinalizou Coimbra (1987).

O mergulho teórico-metodológico e histórico engendrado por ocasião do mestrado é, sem dúvida, o suporte para as inferências que ora apresento, buscando aprofundar a apreensão do fenômeno da política social. A perspectiva é responder àquelas questões e inquietações, no contexto das aceleradas mudanças da década de 90, a partir da crítica da economia política marxista *contemporânea.*

No trabalho *Política social e capitalismo contemporâneo: um balanço crítico-bibliográfico*, concluído em 1993,[1] fiz uma análise crítica da bibliografia acerca da política social na década de 80, do Serviço Social e áreas afins, que referenciava o debate e a formação profissionais naquele período. Enfatizei o segmento vinculado ao que José Paulo Netto (1991) caracteriza como um movimento de *intenção de ruptura* no Serviço Social, diga-se, sua interlocução com a tradição marxista.

Algumas hipóteses foram amplamente confirmadas e/ou aprofundadas naquela ocasião. O trato teórico-metodológico da política social pelo segmento mais progressista do Serviço Social — fortemente responsável pela discussão dessa temática na profissão — é marcado por alguns limites e características gerais, que passo a expor:

1 — Houve um amadurecimento do Serviço Social na segunda metade da década de 80, quando, gradualmente, se configurou um afastamento da influência estruturalista-teoricista. As dificuldades de penetração da melhor tradição marxista no Brasil (Konder, 1988) e no Serviço Social (Quiroga, 1991 e Netto, 1991), já são suficientemente conhecidas. Cabe reter que, conforme o balanço realizado, a partir de 1985 um Serviço Social menos endógeno, sobretudo no que refere à política social, buscou novos aportes na tradição marxista.

2 — Nesse movimento, negava-se a sociedade sobredeterminada, onde as instituições/políticas sociais *reduziam-se* a aparelhos ideológicos do Estado, com a função exclusiva de reprodução político-econômica do capitalismo. Há que ressaltar que esta ruptura foi e é de suma importância para o Serviço Social. Rejeitava-se a *miséria da teoria* (Thompson, 1981), a teoria como *constructo*, esvaziada de seu caráter histórico e ontológico,

1. Dissertação defendida em dezembro de 1993, na Escola de Serviço Social da UFRJ, sob a orientação de José Paulo Netto, que compôs a banca ao lado dos professores Carlos Nelson Coutinho e João Antônio de Paula, com quem tive o prazer de travar uma interlocução polêmica, fecunda e prazerosa.

bem como dos sujeitos sociais que a inscrevem/escrevem, enfim, reduzida a uma epistemologia. Tal recusa veio acompanhada da crítica ao economicismo, ao lado da superação de uma visão puramente instrumental do Estado. Desenvolveu-se, então, um arsenal teórico-metodológico mais rico e complexo para o tratamento da política social.

3 — Contudo, esta revisão paradigmática veio acompanhada de um posicionamento ainda problemático, com certa subestimação das determinações econômicas da política social. Fato que se confirma com uma presença periférica e/ou questionável do debate econômico em geral, sendo a crítica da economia política marxista subaproveitada como viés interpretativo do fenômeno em pauta.

4 — Esse reposicionamento abriu espaços para o politicismo, o redistributivismo, o estatismo e o ecletismo. Chamam atenção os sinais de irritação quanto à "nefasta" submissão da política social à lógica da economia capitalista, remetendo sua tematização e causalidade exclusivamente à esfera da regulação dos conflitos. Autonomizada do processo de produção, a política social reduz-se a produto da vontade política dos sujeitos, configurando-se, então, o *politicismo*. Para Eduardo Mourão Vasconcelos,[2] o enfoque da política social, sob a perspectiva politicista, tende a defini-la: "como forma de regulação do conflito capital-trabalho e demais conflitos sociais [...], ótica da busca de legitimação e consenso, como resposta à pressão dos movimentos sociais, principalmente dos trabalhadores, e/ou como forma de controle político" (1988:6).

O *redistributivismo* vem à tona com a aposta na política social como via de *solução* da desigualdade, desconsiderando a natureza do modo de produção capitalista, com sua unidade indissolúvel entre produção e reprodução sociais, bem como a particularidade brasileira. Tal projeto, explícita ou implicitamente, almeja a possibilidade do *Welfare* no Brasil (Falcão, 1989). O que aparece "partido" aqui é o próprio processo econômico, com a separação entre as esferas da produção e

2. Autor que, seguramente, publicou os dois artigos mais densos sobre Política Social na revista *Serviço Social & Sociedade*, no período de 1979 a 1989. Conferir os números 28 e 29 desta publicação.

da circulação, configurando uma assunção dos pressupostos da economia política clássica ou neoclássica. É interessante notar que a crítica marxiana da economia política, na qual comparece uma unidade entre as esferas da produção e do consumo (Marx, 1988), não é incorporada. Algumas abordagens incorrem no seguinte paradoxo: recorrem a categorias da tradição marxista e, ao mesmo tempo, trabalham sob o enfoque distributivista-keynesiano, o que remete a um verdadeiro *ecletismo* (Behring, 1993).

A política social é também tratada sempre tendo como centro o Estado. Há uma grande imprecisão teórica acerca da categoria Estado — que parece ser um espaço tão contraditório (Kowarick, 1985), que *volta* a ser colocado naquela condição já criticada de uma instância acima das relações sociais. Nota-se uma tendência de explicar a política social exclusivamente através do seu papel. Assim, não se observa as demandas inscritas nas relações sociais que solicitam tais políticas e implicam determinado padrão da intervenção estatal, bem como seu caráter de um *complexo público-privado de ações* (Faleiros, 1986). Daí advém a caracterização do *estatismo* na abordagem da política social.[3]

Além dessas conclusões acerca do debate sobre política social no Serviço Social e áreas afins, a interlocução com a crítica da economia política marxista contemporânea, no sentido de enfrentar as lacunas identificadas, levou ao estabelecimento de alguns parâmetros teórico-críticos para uma abordagem mais abrangente da política social.

---

3. Crítica semelhante à que realizei sobre a produção teórica acerca da política social pode ser encontrada no texto de Menezes, Maria Thereza C. G. de. *Em busca da teoria: políticas de assistência pública*. São Paulo, Cortez-UERJ, 1993. Neste trabalho, a autora realiza uma crítica teórico-metodológica e política de produções relevantes dentro e fora do Serviço Social, com a qual concordo em muitos aspectos — o distributivismo e o politicismo, por exemplo. Entretanto, cabe pontuar meu distanciamento em relação aos termos em que tal crítica é realizada por Menezes, que parecem não reconhecer, para além dos limites e equívocos da literatura abordada, suas possibilidades. Desse modo, o texto da autora perde de vista o processo de construção histórica dessas formulações com suas contribuições e descobertas no terreno político-profissional.

Nesse sentido, recorri, como se verá adiante, ao conceito de *capitalismo tardio* de Ernest Mandel, o que não inviabiliza o recurso eventual a outras categorias menos totalizantes. Esta prioridade heurística se justifica à medida que tal conceito se distancia tanto das tentações estruturalistas quanto das fronteiras com o keynesianismo, assegurando e atualizando a crítica marxista e propiciando uma crítica das abordagens correntes.

Aqui, cabe uma advertência ao leitor. Há um estudo amplamente difundido no Brasil, realizado por João Manuel Cardoso de Mello, economista da Unicamp, que se intitula *O capitalismo tardio*, publicado pela primeira vez em 1982.[4] Trata-se de uma análise do capitalismo brasileiro, caracterizado como retardatário ou tardio, numa contraposição tanto ao dualismo cepalino quanto à teoria da dependência que pretendeu superar a CEPAL, dois parâmetros muito influentes na economia política latino-americana. Já a categoria capitalismo tardio em Mandel refere-se à totalidade do mundo do capital numa época em que suas tendências de desenvolvimento alcançaram a *maturidade* e suas contradições estão ainda mais latentes, promovendo, como nunca, efeitos regressivos. O estudo que apresento neste livro — *Política social no capitalismo tardio* — busca traçar parâmetros teórico-históricos para tematizar a política social no seio da totalidade complexa do capitalismo do pós-guerra até os nossos dias, tendo como referência central, mas não exclusiva, a concepção mandeliana.

Voltemos, pois, àquelas abordagens que remetem o problema da efetividade prática da política social à correlação de forças entre "progressistas" e "conservadores", no interior da tensão entre acumulação e eqüidade: os distributivistas. De acordo com essa perspectiva, travar-se-á uma luta política em torno da gestão do Estado — tendo sempre como referência a experiência do *Welfare State* no capitalismo central —, redimensionando a distribuição dos recursos. Assim, a ocupação de espaços no Estado, com a pressão no âmbito da sociedade

4. Este texto já teve muitas edições, sendo que estou trabalhando com sua 8ª edição, de 1991.

civil, por uma vontade política redistributiva, humanista e democrática, pode universalizar o acesso aos direitos sociais, ampliando os padrões da cidadania.

Este projeto redistributivista é claramente limitado. Do contexto de estagnação econômica ensejado a partir de fins da década de 60, emergem elementos que infirmam o alcance dessas proposições. São eles: a *supercapitalização*, com sua pressão ostensiva em favor da mercantilização de mais e mais setores da vida social; a tensão sobre a destinação dos recursos estatais aprofundada pela *crise fiscal*; a tendência de deterioração das instituições democráticas; a presença das concepções meritocráticas neoliberais, contrárias ao *Welfare* protetor e defensor dos direitos sociais universais; a dificuldade de organização do sujeito político contra-hegemônico. Todas essas características, impulsionadas pelo aprofundamento das antinomias estruturais do modo de produção capitalista na sua fase tardia, somadas a um outro elemento central — a crise do *socialismo real* —, configuram uma moldura amplamente desfavorável às políticas redistributivas, tanto do ponto de vista econômico quanto político.

Com isso, quero ressaltar que as interpretações marxistas preteridas pelas abordagens correntes da política social, no Serviço Social e fora dele, na realidade desnudam um projeto societário subjacente, carregado de boas intenções, o que é importante numa situação tão adversa, porém pouco factível. É irrealizável todo o conjunto de "soluções" para a questão da desigualdade, que remetam apenas às esferas da distribuição e do consumo, diga-se, da circulação, quando a chave do problema está na produção. O ocaso do projeto keynesiano/marshalliano aí está para corroborar a hipótese de que as perspectivas redistributivas levam, no máximo, a um conflito na ordem — ainda que taticamente importante —, em especial nos países de capitalismo periférico.

Outra sugestão do estudo realizado refere-se à falsa polêmica economicismo *versus* politicismo. Cabe aqui uma compreensão da objetividade da história (lei do valor) como sendo constituída pela vontade dos sujeitos. Dessa forma, a lei do valor explica a produção das coisas no capitalismo, mas, sobretudo, explica a produção dos indivíduos e das relações sociais (Iamamoto, 1982). Há, então, o vínculo dialético entre operação da lei do valor e os sujeitos políticos — classes sociais, grupos e indivíduos —, que baliza, limita, impulsiona e conduz o processo histórico-social. Não há, por conseguinte, economia destituída de política ou vice-versa.

Vislumbro, portanto, por meio das indicações mandelianas que são, corroboradas por outros autores como se verá, uma realidade de *forte tendência não redistributiva* nesses tempos em que estamos vivendo, movida por componentes objetivos — catalisados pela queda da taxa de lucros na *onda longa depressiva* — e subjetivos: a fragilidade do movimento operário e popular, após uma seqüência de derrotas históricas que dão fôlego econômico e ideológico à *livre iniciativa.*

Essa caracterização, evidentemente, não tem como conseqüência política o imobilismo. O mesmo Mandel chama a atenção para a centralidade da luta defensiva em torno de conquistas oriundas da *onda expansiva* aberta após a Segunda Guerra Mundial. Resguardada essa preocupação, cabe — sem o cultivo de ilusões bem-intencionadas e sem adensar o véu da pseudoconcreticidade (Kosik, 1976) — o embate em todos os níveis, em nome da defesa de patamares dignos de vida e trabalho para a maioria da população. Trata-se, de fato, de uma luta em defesa da *cidadania,* mas numa nova acepção. A defesa da cidadania comparece freqüentemente nos discursos dos sujeitos políticos contemporâneos, e muitas vezes tende a se distanciar da proposição marshalliana, que se dava por satisfeita com a combinação entre desigualdade e capitalismo, mediada pela cidadania, como na experiência do *Welfare State* (Marshall, 1967). Esta era a grande utopia de Marshall, que se consolidou com as políticas sociais e com os direitos sociais no pós-guerra: o *Welfare* era o "fim da história". Particularmente nos países de capitalismo periférico, "a formulação da realidade em termos de cidadania" (Vasconcelos, 1988) é relevante, considerando sua potencialidade de colocar em questão as contradições gritantes — cuja expressão maior é a iniqüidade social. Dada a inviabilidade do keynesianismo nesses países a luta na arena da cidadania pode ser encarada numa perspectiva de *transição* para uma nova socialidade (Behring, 1993:143).

Concordo, então, com as palavras de Ana Elizabete da Mota,[5] ao discutir as possibilidades de os trabalhadores construírem a sua cidadania. Tal possibilidade só pode se viabilizar de forma plena, se forem colocadas em xeque as formas de produção e reprodução das relações sociais capitalistas, o que pressupõe a intransigência política dos trabalhadores enquanto classe. Nesse sentido, as reivindicações sociais pelo consumo — que, no limite, expressam ou a *concepção keynesiana de cidadania*, ou a proposta empresarial do *cidadão consumidor*, própria do ajuste em curso (Mota, 1995) — não podem se confundir com essa nova cidadania.

Um raciocínio que parte de pressupostos teórico-políticos muito diferenciados daqueles que orientam este trabalho, mas que, no aspecto dos caminhos da luta emancipatória, se combina com o que aponto em relação à cidadania, é o de Boaventura de Sousa Santos. Em que pese sua postura "pós-moderna de esquerda", crítica à tradição marxista,[6] é extremamente fecunda sua proposição de uma agenda de radicalização da democracia, como via de resistência à predominância do princípio do mercado, do individualismo e do autismo, bem como via de emancipação, considerando que "o socialismo é a democracia sem fim". (1996:277). Suas proposições em relação à democratização dos espaços da produção, doméstico e mundial são instigantes.

Convém ressaltar como parâmetro para pensar a política social, com base na crítica da economia política marxista contemporânea, o fato de que persiste uma combinação de racionalidade parcial e irracionalidade total no capitalismo. Tal

---

5. Em palestra proferida no II Encontro Nacional de Pesquisadores em Serviço Social, PUC de São Paulo, 1991.

6. Foge às pretensões deste texto polemizar com seus argumentos sobre a tradição marxista. Para acompanhar a polêmica com Santos, consultar José Paulo Netto (1997).

crítica, que já era realizada por Marx, ganha profunda e trágica densidade, neste *fin de siècle*. Temos, hoje, um extraordinário desenvolvimento das forças produtivas, que nem sequer pode ser amplamente incorporado na produção, capaz de prover as necessidades sociais básicas em nível mundial. Entretanto, este desenvolvimento caminha ao lado da exclusão de parcelas crescentes da população do acesso ao atendimento de demandas mínimas. Segundo a Cúpula Mundial da Alimentação (FAO, novembro de 1996), por exemplo, existem cerca de 840 milhões de famintos no mundo, concentrados em 82 países de baixa renda. Esta relação é camuflada pelo conceito econômico de *escassez. A naturalização da escassez submete, portanto, as iniciativas no campo das políticas sociais.* A crítica marxista é suficientemente clara quanto à caracterização da economia como administração da escassez: é uma ideologia. Assistimos, na realidade, à lógica do desperdício, da exclusão em meio à abundância, e mesmo da subutilização do desenvolvimento das forças produtivas. Trata-se "(d)aquela aparente desordem que é, na verdade, o mais alto grau de ordem burguesa" (Dostoievski, 1862).

Outro aspecto do debate refere-se à simbiose entre estatal e privado, concernente à decadência das instituições democráticas e à dificuldade de constituição da esfera pública.[7] No conceito de *capitalista total ideal* de Mandel, o Estado aparece como o corolário das relações sociais de produção, mas não como o elemento que explica sua dinâmica. Esta visão combina-se com a de O'Connor, que verifica na atuação estatal uma diretiva política com consciência de classe, articulando acumulação e legitimação. A meu ver, ambos prevêem limites quanto à autonomia do Estado, relativizando opiniões teóricas que superdimensionam a *autonomia do político* ou que explicam a dinâmica do capitalismo contemporâneo pelas alterações da intervenção estatal, ou mesmo exageram na independência dos tecnoburocratas do Estado. Aqui, os conceitos gramscianos de

---

7. Para uma boa discussão sobre a constituição da esfera pública, consultar Raichelis (1997).

Estado ampliado e de hegemonia são extremamente importantes. No que tange ao debate acerca da autonomia relativa do Estado intervencionista, a partir do período entreguerras, o primeiro auxilia na observação da ampliação das funções estatais, em uma nova relação com a sociedade civil, agora marcada por intensa participação política; o segundo contribui para definir claramente a direção social de tal intervenção, desmistificando aquela autonomia, quando exagerada. Tais indicações permitem trabalhar a política social na esfera dessa simbiose entre estatal e privado, que dificulta, inclusive, a delimitação de fronteiras entre Estado e sociedade civil — a novidade histórica tão sensivelmente captada por Gramsci (Coutinho, 1989).

Com isso, quero pontuar que a discussão sobre o significado das políticas sociais deve ultrapassar o *locus* onde estas são agenciadas — Estado/instituições privadas —, haja vista a ampla complementaridade nesse âmbito, a qual requer um debate sobre a complexa relação estatal/público/privado (Raichelis, 1997). Prefiro discutir a configuração das políticas sociais a partir dos vetores essenciais que as demandam, sejam elas implementadas pelo Estado, empresas, organizações não-governamentais ou instituições mistas. Na verdade, a ênfase exclusiva no Estado tem levado à existência de poucos estudos sobre as iniciativas de proteção social no âmbito da sociedade civil, que apenas nos últimos tempos vêm recebendo um tratamento mais sistemático (Landim, 1993).

Cumpre, diante dos limites presentes nesta literatura e dos parâmetros sinalizados, insistir na abordagem da política social sob a perspectiva da *totalidade*. No caminho apontado, é preciso considerar a política social como síntese de múltiplas determinações (Marx, 1988), superando os reducionismos economicistas, politicistas e de outras espécies. Um segundo e necessário movimento seria imprimir maior densidade histórica a este nosso estudo, buscando os traços particulares dos processos sociais globais na realidade brasileira. No entanto, este desafio ficará para uma outra ocasião. Agora, cabe de adentrar nas principais contribuições da crítica da economia política marxista contemporânea, tendo em vista *a busca de uma ontologia da política social.*

Portanto, convido o leitor a enfrentar esse conjunto de problemas decorrentes da perda do potencial da categoria totalidade, seja enquanto recurso heurístico, seja como totalidade histórico-social concreta, com o que se empobreceu a problemática da política social. Em alternativa crítica às abordagens correntes, este trabalho resgata a reflexão da economia política marxista acerca das tendências de desenvolvimento do modo de produção capitalista, a partir da Segunda Guerra Mundial, quando se generaliza a existência de diversificados *padrões* de proteção social no mundo do capital.

Após o debate econômico-político que consubstanciou a vida da Segunda Internacional e os primeiros anos da Terceira Internacional, cujo pano de fundo era o processo de monopolização do capital e o imperialismo, sabe-se da miséria intelectual que acometeu a tradição marxista no Oriente, em função dos processos traumáticos da experiência *socialista*; e também das desventuras dessa tradição no Ocidente, marcada muitas vezes pelo positivismo e, fundamentalmente, pela perda dos vínculos com o movimento operário. Perry Anderson fornece dois estudos da trajetória da tradição marxista — *Considerações sobre o marxismo ocidental* (1976) e *A crise da crise do marxismo* (1987) —, onde ficam evidenciados a heterogeneidade dessa tradição teórica e os obstáculos histórico-sociais e teóricos que engendram a perda de dimensões importantes da obra marxiana (a ontologia e a totalidade), ou mesmo distorções levianas e utilitárias desse legado. No coração desse movimento está um certo abandono da crítica da economia política e das explicações de conjunto da dinâmica do capital, característicos do chamado *marxismo ocidental.*

Contudo, em meio a tantas dificuldades e por vezes sem escapar às conseqüências desse processo, ainda podem ser encontradas valiosas tentativas de interpretação do desenvolvimento do capitalismo da segunda metade do século XX. Foi assim que realizei o estudo de alguns autores e categorias dentro da tradição marxista desse período. Deparei-me com a pioneira e rica abordagem de Baran e Sweezy, com o conceito de capitalismo monopolista de Estado (CME) na interpretação de Boccara e, também, com a aguda análise da crise fiscal do Estado capitalista contemporâneo, realizada por James O'Connor.[8] Acrescento, ainda, a singular produção da Escola da Regulação Francesa (Paris), inaugurada pelo trabalho fundador, editado em 1976, de Michel Aglietta (1991).[9]

Como poderá ser observado na seqüência, este livro consiste numa ampla interlocução com o universo de autores que formularam o arcabouço categorial mais relevante no âmbito da crítica da economia política marxista contemporânea. No entanto, optei — por razões que serão expostas no decorrer dos capítulos em que são debatidas as categorias formuladas por estes vários autores e escolas —, pelos aportes de Ernest Mandel sobre o *capitalismo tardio*, como referência principal, ainda que não exclusiva, para a compreensão do ciclo da acumulação do pós-guerra e de seus limites históricos. Tais aportes são enriquecidos, na conclusão, pelo trabalho de David Harvey (1993), a partir do qual se tem uma abordagem indispensável da crise que inicia a partir de 1973-74. Nesta, realizo algumas inferências acerca do conceito de política social, considerando especialmente a passagem para um novo regime de acumulação, que é acompanhado por intensas mudanças na esfera da regulação e que remetem a uma nova condição da política social neste final de século.

---

8. Até aqui, este livro apresenta a pesquisa desenvolvida no mestrado.

9. Acréscimo que realizei por sugestão do Professor João Antônio de Paula e que é também resultado da incursão teórica na Escola da Regulação por intermédio de disciplina oferecida pelo professor João Sabóia no Instituto de Economia Industrial/UFRJ, em 1997.

CAPÍTULO 1

O CAPITALISMO MONOPOLISTA DE ESTADO: um conceito a serviço da práxis política

O conceito de capitalismo monopolista de Estado (CME) é o corolário de um conjunto de esforços empreendidos, tendo em vista a explicação da dinâmica e das contradições do capitalismo no Primeiro Mundo, no pós-guerra. Segundo Elmar Altvater, se não existe uma teoria unitária do CME, as implicações políticas de tal interpretação são, todavia, relativamente homogêneas. Trata-se de uma visão articulada teoricamente por pensadores, em geral ligados aos partidos comunistas ocidentais e aos antigos Estados do *socialismo realmente existente*. Esta vinculação suscitou críticas que apontavam o caráter justificador das estratégias políticas desses segmentos, em detrimento de uma rigorosa apreciação da realidade. Vamos, com apoio em Altvater e Paul Boccara, analisar as principais indicações da teoria do CME, pontuando alguns limites dessa abordagem.

Lenin em seu *Imperialismo, fase superior do capitalismo*, escrito em 1916, sublinhava, ainda que de forma um tanto esquemática e visando à luta política imediata, a passagem para uma nova etapa do desenvolvimento do capitalismo, marcada pela monopolização da economia e por "um imenso progresso na socialização da produção" (1987:25), malgrado a enorme concentração da apropriação privada. Nesse texto clássico, ele sinaliza o vínculo entre o capital financeiro, os monopólios e representantes de governo, e a complementaridade entre monopólios privados e monópolio estatal em alguns ramos de atividade. Esta nova etapa é caracterizada ainda pela exportação de capitais, onde:

> "os monopólios privados e os monopólios do Estado, se interpenetram, não sendo mais do que elos da luta imperialista entre os maiores monopólios pela partilha do mundo".

Embora o Estado apareça, no decorrer da argumentação de Lenin, como uma instância complementar ao monopólio, não existe aí uma sistematização clara acerca de seu papel nesse novo contexto. A categoria monopólio é mais bem explorada pelo autor articulada ao imperialismo, última etapa de socialização do capital. Em *O Estado e a revolução*, publicado pela primeira vez em 1917, é que surge o conceito de capitalismo monopolista de Estado, na perspectiva de registrar o excepcional incremento da máquina estatal e as implicações desse processo para a luta revolucionária. O conceito aparece, também, no sentido de registrar essa crescente intervenção estatal enquanto sinal da "última hora" do desenvolvimento capitalista, com sua enorme socialização da produção. Há, portanto, uma associação entre CME e crise geral do capitalismo.

Dessa reflexão inicial de Lenin derivam algumas concepções no pós-Segunda Guerra Mundial, dentre as quais o *conceito objetivista*, presente no trabalho coletivo dirigido por Paul Boccara. Irei me deter, então, nessa versão do CME, dada sua larga influência nos meios acadêmicos e socialistas.

Para Paul Boccara e colaboradores de *Economie et Politique*, o CME, enquanto forma contemporânea do capitalismo, é caracterizado por uma intensificação sem precedentes da concentração do capital, inclusive com a fusão/reagrupamento de setores de ponta da economia. Este movimento é acompanhado pela crescente intervenção econômica, política e financeira do Estado sob variadas formas, que serão detalhadamente avaliadas. Há, ainda, uma interpenetração crescente entre capital bancário e grupos industriais. Outro traço importante é o aumento da massa de trabalhadores assalariados, com a proletarização de profissões antes independentes, o que significa que o número de possuidores dos meios de produção tende a diminuir. Portanto, "sem mudarem de natureza, as relações sociais em todos os países capitalistas desenvolvidos são, pois, objecto de profundas modificações" (Boccara et alii, 1971:6).

A grande novidade e principal característica do conceito de CME é a discussão do papel do Estado. Este, retirando parte crescente do produto social por meio de impostos diretos e indiretos que incidem primordialmente sobre os assalariados, intervém ostensivamente no processo econômico, financiando a aquisição dos meios materiais de produção pelos grandes grupos industriais.

Segundo essa abordagem, o capitalismo evolui passando por alguns estágios, e cada um nasce do precedente. São eles: estágio primitivo ou de manufatura (século XVI); estágio clássico ou de livre concorrência (século XIX); e estágio monopolista ou imperialista. Há um resgate da análise leniniana desse último estágio, na qual se evidenciam: o processo de monopolização do capital e a transformação das condições de concorrência; o desenvolvimento do capital financeiro (capital industrial em simbiose com o capital bancário); e a exportação sistemática de capitais. Os autores caracterizam o CME como um momento de intensificação brutal desses elementos. Portanto, abre-se uma nova etapa do desenvolvimento do capitalismo, impulsionada pela lei geral da acumulação do capital, com o desenvolvimento das forças produtivas, somada a elementos políticos e militares: Primeira e Segunda Guerras Mundiais; o desafio lançado pelo sistema socialista; a derrocada do sistema colonial; e a pressão do movimento democrático de massas.

Na Primeira Guerra Mundial, momento de luta entre os grandes grupos capitalistas com o concurso do Estado, já há um alargamento deste último. No entanto, é a partir da necessidade imperiosa de fazer frente aos efeitos da Grande Depressão de 1929 que se torna mais visível a intervenção sistemática do Estado. A corrida armamentista no entreguerras e o esforço beligerante entre 1939 e 1945 estão na raiz de um espetacular desenvolvimento do CME nas décadas de 50 e 60.

Mesmo que no imediato pós-guerra, com a derrota do fascismo, as *forças operárias e democráticas* tenham obtido algumas conquistas (Europa Ocidental) — segurança social, nacionalização de alguns bancos e indústrias de base etc. —, a retomada da ofensiva capitalista não tardou, abrindo uma nova fase nas relações entre os grandes grupos monopolistas e o Estado capitalista. Boccara cita a formulação do CME elaborada numa conferência realizada em Moscou em 1960, que contou com a participação de 81 partidos comunistas:

> "[...] se reúnem o poder dos monopólios e o de Estado num mecanismo único, destinado a salvaguardar, no máximo, os lucros da burguesia imperialista pela exploração da classe operária e pela pilhagem de largas camadas da população" (Boccara et alii, 1971:15).

O CME é, nessa concepção, uma totalidade orgânica, com um aspecto característico: a unidade contraditória configurada em novas ligações entre Estado e monopólios. Esse novo período mantém com a *fase do monopolismo simples* uma relação de continuidade e ruptura. A continuidade é observada na operação da lei geral da acumulação capitalista, da qual decorre a intensificação da monopolização. A ruptura está na acentuação do papel do Estado, sob controle dos monopólios, mas que pode entrar em contradição com estes últimos. Nesse passo, Boccara e sua equipe vão precisar melhor a relação entre monopólios e Estado. Explicam, entretanto, que sua proposição não sustenta nem a fusão nem a separação entre Estado e monopólios. No CME observa-se uma *estreita interação* entre ambos, tendo em vista a acumulação e a concentração de capitais, sendo que, em última instância, predominam os interesses dos monopólios. Portanto, estes dois elementos —

Estado e monopólios — estão dialeticamente unidos, mas são distintos. Operam com meios adaptados às suas respectivas funções, mas submetidos às mesmas leis. Economia, política e ideologia estão cada vez mais ligadas entre si, ainda que relativamente sejam instâncias autônomas.

Feita esta caracterização mais geral, os autores analisam os *desenvolvimentos contraditórios do capitalismo*. Iniciam ressaltando o objetivo maior da burguesia monopolista: valorizar o capital. Percebemos, nessa indicação (um tanto óbvia), uma sutileza: a ênfase na burguesia monopolista. Outros setores proprietários dos meios de produção não teriam também a intenção de maximizar seus lucros? Esse recorte, que orienta o texto em sua íntegra, teve fortes conseqüências no campo da estratégia revolucionária, desviando o eixo da luta revolucionária anticapitalista para uma frente popular antimonopolista.[1] Porém, continuemos.

Os autores observam que o desenvolvimento da acumulação acirra suas próprias contradições internas, cuja expressão maior são as dificuldades para a valorização dos capitais e a tendência para a redução da taxa média de lucro. Boccara e seus colaboradores reafirmam algumas descobertas fundamentais de Marx. Assim, a substituição de trabalho vivo por trabalho morto, ou seja, a elevação da composição orgânica do capital, é um processo que está na gênese da queda da taxa média de lucros: a produção de mais mercadorias é paradoxal, se se considera a restrição relativa do consumo dos trabalhadores. Mesmo no capitalismo dos monopólios, a concorrência é ineliminável. Ela se manifesta em investimentos na produtividade pelos capitalistas individuais. No entanto, em dado momento, o progresso técnico se generaliza, fazendo desaparecer o superlucro imediato dos primeiros investimentos. Some-se a isto o agravamento da produção de excedentes de capital (nos meios de consumo e de produção), e se instala a crise de sobreprodução e a sobre-acumulação. Segundo Boccara et alii,

1. Ver Mandel (1978), "O PCF, o Eurocomunismo e o Estado".

> "a economia política burguesa tem, a seu modo, consciência das suas dificuldades. Há já trinta anos Keynes escrevia, por exemplo: 'A fraqueza do incentivo ao investimento (que depende essencialmente da taxa de lucro esperada) foi, sempre, a chave do problema econômico'" (1971:34).

A superacumulação é um fenômeno generalizado e crônico no capitalismo. A massa de mais-valia cresce lentamente em relação aos capitais utilizados, o que gera o *adormecimento do capital* ou, melhor dizendo, a desvalorização do capital total. Diante de um funcionamento com perdas, tem-se, por um lado, a eliminação de empresas e, por outro, a absorção pelas grandes corporações (concentração). Esse movimento impulsionado pela queda da taxa média de lucros (relação entre capital empregado e mais-valia realizada) só pode ser apreciado à escala macrossocial.

As soluções provisórias para as dificuldades de realização da mais-valia passam pela concentração de capitais, buscando diminuir a massa de capitais que aspiram ao lucro. Entretanto, a intervenção reforçada do Estado sob a forma do financiamento público, semipúblico e parapúblico do capital privado, a juros baixos, é a verdadeira contratendência à *lei geral e absoluta da acumulação*. Mesmo que a burguesia monopolista empreenda inúmeros esforços para dissimular a situação e manter seu controle, essa presença sistemática do Estado no conjunto da vida social é o que particulariza o CME, diferenciando-o das épocas anteriores: esta é demandada pela crise geral do capitalismo e pela crescente agudização da luta de classes.

Num esboço bastante genérico da conformação dos ciclos econômicos, os autores apontam que as crises anteriores já guardavam elementos da configuração do CME. A crise de 1929, porém, é um divisor de águas. As respostas ao *crack* e seus desdobramentos na década de 30, seja na forma do New Deal americano, seja na do nazismo alemão, terão uma marca fundamental: o alargamento das funções do Estado. Segundo Roosevelt, num discurso de 1936:

> "Foi a minha administração que salvou o sistema do lucro privado e da livre empresa, tirando-o da beira do abismo a

que o tinham conduzido aqueles que, atualmente, tentam assustar-nos" (Boccara et alii, 1971:45).

Como ocorre essa verdadeira operação de salvamento? O Estado assegura os lucros monopolistas de várias maneiras. Indiretamente, o financiamento público ao setor privado ocorre por meio do orçamento do Estado e de contratos públicos. No entanto, as formas diretas — créditos, subvenções, garantias de empréstimos, responsabilidade estatal por campos de investimento complementares etc. — são cada vez mais predominantes. Dessa forma, há uma desvalorização do capital social, com o intuito de elevar a massa e a taxa de lucros monopolistas. Os autores qualificam as *despesas* do Estado da seguinte forma: parasitárias (polícia, armamentos, exército); aquelas que contribuem para o desenvolvimento das forças produtivas sociais (investigação, educação, saúde, segurança social, habitação, transportes etc.); despesas de consumo do Estado; e contratos públicos. Os dois últimos itens se referem ao financiamento público da iniciativa privada, seja por meio de orçamento ou de licitações públicas. Tomando como exemplo a França de 1968, os autores identificam um crescimento dessas despesas, especialmente por via dos contratos públicos: 9% do PIB francês estava comprometido, nessa época, com contratos públicos junto a 1% dos fornecedores.

Embora os armamentos sejam tratados inicialmente apenas como despesa parasitária, Boccara e sua equipe vêem nesse gasto uma forte militarização da economia, objetivando a luta contra a superacumulação, apesar dos efeitos inflacionistas que provoca. Os contratos públicos são instrumentos seletivos de transformação das estruturas industriais na perspectiva dos monopólios e se tornam cada vez mais particularizados:

> "Abandonando as aparências de uma concorrência que de fato não era nada aguerrida, o processo do acordo particular põe em contacto, em estreito entendimento, a alta administração e os mais importantes grupos monopolistas" (Boccara et alii, 1971:52).

Ao regulamentar a estrutura de crédito e financiamentos, o Estado, sob formas variadíssimas e com efeitos inflacionistas, ajuda a elevar a taxa de lucros. Os autores sublinham, também, o caráter seletivo do crédito.

O encargo público de uma parte crescente do capital variável é decisivo para o processo de acumulação. O desenvolvimento das forças produtivas tornou indispensáveis algumas despesas — saúde, educação, pesquisa etc. —, consideradas como não rentáveis pelos monopólios. Assim, a garantia de uma mão-de-obra resistente, aperfeiçoada e disciplinada é assumida pelo Estado. Para os trabalhadores, tais despesas constituem partes de seu nível de vida e garantias de seu futuro. As despesas com saúde, educação ou assistência aparecem, nessa concepção, com um caráter permanente (*tendência para resistir às flutuações da conjuntura*) e como expressão da socialização crescente dos custos das forças produtivas. Em razão do progresso técnico e científico e da luta de classes, aumenta o valor da força de trabalho, e a cobertura desses gastos é repassada ao *capital público* que não exige lucros. No âmbito dessa questão, por fim, Boccara et alii percebem uma tensão que se instaura pelo fato de que tais despesas não são priorizadas diante de outras exigências do financiamento público.

No CME há uma modificação nas formas de realização de *receitas* pelo Estado capitalista. A tributação é um verdadeiro processo de organização e seleção da acumulação, em que os monopólios são os grandes beneficiados através de: deduções fiscais para certos setores; medidas desfavoráveis às pequenas empresas; reforço da exploração dos trabalhadores por intermédio de impostos diretos e indiretos que incidem sobre os rendimentos, aprofundando a defasagem entre os salários reais e o poder de compra. Aqui, o "feitiço se volta contra o feiticeiro", quando:

> "O sistema fiscal encoraja a repercussão sobre os consumidores dos aumentos dos custos industriais" (Boccara et alii, 1971:62).

Outra forma de ampliar a receita é a drenagem de poupança popular por meio de *poupança forçada* na forma de seguros obrigatórios. Para os autores, essa estratégia persegue três objetivos: restringir o consumo imediato, fornecer ao capital um financiamento suplementar pouco exigente e extinguir, pela inflação, as dívidas provocadas.

A formação dos preços, no contexto do CME, não depende apenas do mercado. O Estado intervém no nível de preços, administrando-os, num regime de *liberdade vigiada*. Nesse processo, ocorre uma ação seletiva que tende a favorecer os monopólios, seja pelo desaparecimento de pequenas empresas seja pelas transferências de valor para as grandes corporações.

As empresas transnacionais também recorrem ao financiamento público. Os *auxílios* para países em desenvolvimento nada mais são do que a cobertura, a partir do Estado, de encargos e riscos do neocolonialismo emergente no pós-guerra. As tarefas de manutenção de governos dóceis ao imperialismo e de garantia dos altíssimos lucros das grandes empresas, transnacionais, bloqueando a acumulação local, cabem ao Estado.

Diante do exposto, percebe-se que a originalidade do CME, como fase particular e última do capitalismo, é o financiamento público da acumulação de capital. O Estado é, portanto, proprietário de parte do capital social. Porém, ele existe em função do lucro privado, como um setor complementar. O setor público é diversificado e cumpre um papel essencial na desvalorização do capital social. Os autores indicam uma tendência à ampliação do setor público, dada a socialização crescente das forças produtivas. Seu raciocínio parece um tanto contraditório nesse aspecto, não considerando os processos que Mandel inclui na categoria da supercapitalização, como veremos adiante, ou mesmo as tendências à estagnação econômica e limites à ação do Estado que despontam do interior da própria dinâmica do capitalismo, no período assinalado. Na seqüência, contudo, os argumentos se tornam um pouco mais realistas: as nacionalizações são produtos das lutas de classe e/ou de dificuldades econômicas. Porém, a burguesia prefere formas mais indiretas de intervenção pública, configurando uma interpenetração de capitais públicos e privados.

A estrutura do CME exige organização, coordenação e previsão da intervenção do Estado, na perspectiva de afastar o perigo das contradições, incertezas e riscos. Assim, a planificação organiza o contexto econômico, social e político de que depende a rentabilidade dos capitais monopolistas, através de previsões econômicas públicas e privadas e de processos de intervenção do Estado. A formulação dos planos ocorre em comissões/comitês com ampla participação desses *dois* atores. As medidas aí formuladas visam estabelecer certo equilíbrio entre frações capitalistas e considerar certos limites à exploração capitalista impostos pela luta de classes. Nessa última direção, são incorporadas algumas medidas de interesse popular.

Boccara et alii concluem sua argumentação acerca do capitalismo monopolista de Estado com a seguinte caracterização:

> "O Estado não é só o guarda nocturno ou o porteiro do capital, nem apenas o cúmplice jurídico e repressivo das suas operações financeiras. Por meio de fundos cobrados à nação, ele assegura aos monopólios o financiamento suplementar que lhes permite resistir momentaneamente aos efeitos da baixa da taxa média de lucro. Este financiamento ganha todo o seu sentido, porque o Estado capitalista actua, cada vez mais directamente, sobre as relações de produção e simultaneamente sobre as forças produtivas" (1971:96).

O capitalismo não encontrou o "nirvana" na fase do CME. Pelo contrário, segundo os autores, as conseqüências sociais e políticas da socialização da produção combinadas com a apropriação privada apontam para outra direção. Para eles, o CME não pode dar respostas aos grandes problemas contemporâneos, principalmente quando incrementa: o alargamento da esfera de ação do capital em setores tradicionais; a redução do campesinato e das camadas médias urbanas; o crescimento do assalariamento, com reforço do componente intelectual em seu interior; a queda dos salários diretos e o aumento dos salários indiretos. Todas estas são tendências que colocam em crise o CME. O Estado começa a não ter eficácia político-econômica para fazer frente ao acirramento da luta de classes e à agudização das contradições elementares do capitalismo, sendo obrigado a recorrer a políticas de austeridade anti-sociais e antidemocráticas.

Como se pode observar, o conceito de CME, na perspectiva de Boccara e sua equipe, está fundado na lei do valor (a *lei geral da acumulação*). Todavia, a sua operação no capitalismo contemporâneo aparece numa forma um tanto linear e objetivista, como bem sinalizou Altvater. A lei do valor, tal como a compreendo, não opera naturalmente. As tendências e contratendências do capitalismo, na sua fase concorrencial, ou no capitalismo tardio, se articulam em torno da operação da lei do valor como síntese das relações sociais em sua processualidade, tanto que a ação das classes e/ou suas frações interfere, não "de fora", mas a partir de dentro da economia política concreta dos países capitalistas. Na concepção de Boccara, a lei do valor se faz notar pelas suas conseqüências, em torno das quais se movem os sujeitos históricos. Dessa forma, mesmo que os autores salientem a crescente interpenetração entre economia e política, eles terminam por separar estas instâncias, o que é bastante funcional à perspectiva estratégica embutida no CME. Uma passagem do *Traité Marxiste d'Économie Politique* expressa bem tal perspectiva:

> "A democracia avançada, libertando o dinamismo das classes e camadas exploradas e dominadas pelo capital financeiro, permite, ao modificar o conteúdo do Estado legado pelo capitalismo monopolista de Estado, modificar-lhe fundamental e progressivamente as formas e atacar as bases das relações sociais" (Apud Mandel, 1978:226).

Aqui surge a idéia do *bloco antimonopolista* e também a concepção de Estado subjacente ao CME, onde este desempenha funções técnicas e conjunturais determinadas pelos monopólios, mas pode ser *utilizado* por outras classes sociais numa nova correlação de forças, alcançada progressivamente. Não pretendo realizar uma exaustiva discussão acerca da natureza do Estado,[2] mas colocar algumas restrições a esta concepção do CME.

---

2. Tal discussão crítica é realizada por Mandel (1978).

Duas observações críticas importantes devem ser salientadas. Primeiro, se a lei geral da acumulação é inerente ao capitalismo, o que aparece de novo no CME é a ação estatal. Esta forma de colocar a questão levanta, a meu ver, uma falsa impressão acerca do Estado na relação com o processo de acumulação. Sua intervenção é colocada como uma característica *nova*, que rearticula o conjunto da vida econômica e social. Deve-se perguntar sobre o papel do Estado em outros momentos do capitalismo. Sua intervenção não foi decisiva? O que muda, então, é o caráter, o conteúdo dessa presença ostensiva. Em segundo lugar, refuto certa tendência a explicar o atual estágio de desenvolvimento do capitalismo pelo papel do Estado, e não pela lógica interna do próprio capital, como relação social.

Elmar Altvater critica o trabalho coletivo, elaborado sob a direção de Paul Boccara, nos seguintes termos:

> "Querer determinar uma etapa histórica do capitalismo com base em algumas características é um método extremamente discutível, especialmente se isto comporta conseqüências tão importantes como aquelas que serão inferidas na análise teórica do capitalismo monopolista de Estado. De fato, o conceito é usado para constatar que a relação entre a economia e a política mudou em relação às fases do passado, para contrapor implicitamente ao modo de agir da lei do valor desenvolvida por Marx em *O capital* novas formas de regulação e, por fim, para estabelecer que na estrutura de classes ocorreram mudanças que são extremamente relevantes para a construção dos sistemas de aliança política" (1989:288-9).

Se a constatação a que se refere Altvater nesta citação é aceitável, tanto que um autor do porte de Gramsci[3] já

---

3. Ao criticar a concepção de Estado até então corrente (o "comitê de classe") Gramsci intui a ampliação do papel deste, que se tornaria mais visível após a Segunda Guerra Mundial. Para uma aproximação das indispensáveis descobertas gramscianas, nesse âmbito, consultar Gramsci (1984). Neste livro estão reunidas suas observações mais sistemáticas acerca do Estado, mesmo que sua obra seja muito fragmentada, dadas as condições — o cárcere — em que foi produzida. Essa mesma fragmentação está na raiz das controvérsias sobre a questão da "autonomia do político". O antigo

identificava alterações econômico-políticas significativas no momento mesmo da passagem para esta nova fase do capitalismo, os múltiplos desenvolvimentos do conceito do CME implicaram revisões, na maioria das vezes pouco rigorosas, no âmbito da tradição marxista.[4]

Partido Comunista Italiano, por exemplo, trabalhava com o conceito de CME, reforçado por uma leitura do papel do Estado originada em Gramsci e desenvolvida por Poulantzas. Para uma aproximação das interpretações e polêmicas em torno da contribuição de Gramsci, sugiro Anderson (1984) e Coutinho (1989).

4. Para uma compreensão dos desenvolvimentos do conceito de CME, a consulta ao artigo de Altvater (1989) é fundamental.

CAPÍTULO 2

O CAPITALISMO MONOPOLISTA: teses sobre a "sociedade da abundância" e do desperdício

Após as inferências do marxismo clássico — Lenin, Trotsky, Rosa Luxemburgo, Kautsky, Hilferding, Bukharin etc. — sobre o imperialismo, o capital financeiro e os monopólios, tem-se uma espécie de silêncio perplexo diante da longa fase de expansão do capital, hegemonizada pelo imperialismo norte-americano, quebrado apenas pela já referida teoria do capitalismo monopolista de Estado, com toda sua linearidade e objetivismo.

Esta situação será questionada contundentemente por dois autores que vão se colocar, de forma singular, a tarefa de desvendar a dinâmica interna do capitalismo. Paul M. Sweezy e Paul A. Baran no conjunto de sua obra, mas particularmente em seu *Capitalismo monopolista: Ensaio sobre a ordem econômica e social americana*, escrito por volta de 1966, fazem uma análise dos processos que se entrecruzam no período de ascenso do capital e também das contradições que daí emergem. Vou expor o raciocínio dos autores, pontuando no caminho os limites que me afastaram de sua elaboração enquanto orientação central para a abordagem da política social. Esse texto tem sido uma referência importante para vários estudos e, portanto, sua crítica é um desafio estimulante e arriscado.

Baran e Sweezy iniciam sua problematização criticando as ciências sociais norte-americanas em sua incapacidade de explicar a realidade social, seja por oportunismo, seja por limites inerentes à visão e à metodologia que compartimentalizam a realidade, abdicando de explicações totalizantes. Outra ordem de críticas é dirigida ao marxismo. Nesse âmbito, a totalidade é um recurso teórico-metodológico decisivo, o que implica uma superioridade epistemológica dessa perspectiva. Os autores centram sua crítica na insuficiente renovação do marxismo diante dos novos desenvolvimentos e características da "sociedade da abundância", que, além de não experimentar repetidamente graves depressões, é marcada por um enorme desperdício público e privado. Para eles, a ciência social marxista estagnou sua elaboração, satisfazendo-se com *O capital* e com as primeiras reflexões de Lenin acerca dos monopólios e do imperialismo, que, tal como Hilferding, não questionou as leis marxistas básicas do desenvolvimento do capital.

Essa última afirmação é importante para compreender as proposições de Baran e Sweezy. Eles consideram que o processo de monopolização da economia capitalista impõe superações em relação aos fundamentos da teoria econômica marxista, construída tendo como *locus* o capitalismo em sua forma competitiva. Assim, no contexto do controle de preços pelos monopólios, não é possível tratar a concorrência como caso geral. O monopólio deve constituir, para os autores, o centro do esforço analítico e, da mesma forma que o capitalismo competitivo inglês foi o solo da construção teórica de Marx, os Estados Unidos são o lugar da generalização das relações sociais do capitalismo monopolista. Daí a opção metodológica de analisar o capitalismo norte-americano como a experiência mais desenvolvida da época.

Baran e Sweezy fazem questão de sublinhar o caráter de esboço ou ensaio de seu livro, que realmente foi bastante original num contexto de pouca criatividade teórica. Seu estudo está organizado em torno da criação e absorção do *excedente* no funcionamento econômico do capitalismo monopolista. Essa categoria é nodal na reflexão dos autores. O excedente, ou melhor, seus *modos de utilização* são a articulação entre a economia e a superestrutura política, cultural e ideológica.

Na introdução de seu ensaio, Baran e Sweezy fazem uma autocrítica quanto à negligência em relação ao processo de trabalho e às inovações tecnológicas que deveriam ser tratados num estudo sobre as características gerais do capitalismo monopolista, como Marx o fez em *O capital*.[1] Reconhecendo a lacuna, os autores levantam que isso não significa um desprezo pelas implicações das inovações tecnológicas na luta de classes, que têm um papel decisivo na determinação da utilização do excedente. Inicialmente, a categoria excedente é definida da seguinte maneira, contrapondo-se à idéia tradicional de mais-valia (soma de lucros, juros e da renda): "O excedente econômico [...] é a diferença entre o que a sociedade produz e os custos dessa produção" (Baran e Sweezy, 1978:19). O excedente, conforme Baran e Sweezy, seria um conceito mais amplo que o de mais-valia, uma vez que compreenderia outros itens, além dos lucros, juros e rendas. No entanto, colocam-se muitas dificuldades para o cálculo do excedente, já que este assume muitas formas e disfarces, que estarão sendo enfrentados no decorrer do texto.

Com uma postura diante da produção de conhecimento inspirada no "tipo ideal" weberiano, Baran e Sweezy propõem a construção de um paradigma da sociedade anônima, cujas unidades-padrão são as empresas gigantes. Assim, colocam-se algumas características das grandes empresas monopolistas, tais como: o controle da empresa pertence à junta de diretores e grandes executivos, podendo incluir uma representação de interesses externos, mas também é exercido um poder real pelo pessoal interno, cujas carreiras ligam-se ao destino da empresa; há uma reprodução contínua do grupo que administra a empresa, que tende a se autoperpetuar; cada empresa busca uma inde-

1. Tal lacuna é enfrentada, em seguida, por Bravermann (1981).

pendência financeira, por meio da criação de fundos internos à disposição da administração; a ação de "grupos de interesses" ligados por laços familiares e dos grandes homens de negócios foi substituída, nessas empresas, pelos cálculos racionais das administrações internas.

Alguns economistas políticos trataram a criação e o comportamento das grandes sociedades anônimas como um sinal de racionalidade e de que a maximização dos lucros não seria mais o princípio orientador das empresas ("empresa dotada de alma"). Elas visariam, então, alcançar apenas resultados "satisfatórios". A esses argumentos, os autores contrapõem alguns elementos, reivindicando a contribuição de James Early: a intensificação do processo de trabalho; o crescimento das técnicas de análise de mercado; o planejamento e a "solução racional" de problemas nas decisões econômicas. Portanto, concluem que a maximização dos lucros é uma orientação na economia das grandes empresas, e entendê-las nesse contexto é tão decisivo para a teoria econômica quanto o exame das formas de utilização dessas margens de lucro.

Ao examinar as administrações das grandes sociedades anônimas, Baran e Sweezy apontam que o dirigente empresarial não é mais o magnata individualista de cinqüenta anos atrás. Temos o "homem da organização", filho fiel da empresa, cujo compromisso econômico e ético é estabelecido pelo "progresso da companhia". Os autores criticam a proposição de que essa camada de administradores seja uma classe social à parte, ou uma "tecnocracia neutra", como o querem os defensores da "empresa dotada de alma". Resgatando a rica contribuição de Wright Mills, afirmam que este é um setor ativo e influente da classe dos proprietários, ou seja, recrutado amplamente entre seus membros. Há uma coincidência, em geral, entre os interesses da administração e os dos principais acionistas, articulada em torno da maximização dos lucros.

Dessa forma, no capitalismo monopolista, o capitalista individual é substituído pela sociedade anônima, institucionalizando-se a função capitalista. No entanto, se "a essência e o coração da função capitalista é a acumulação", no capitalismo da maturidade emergem outras obrigações para o capitalista. Trata-se das *despesas de representação*. Na livre concorrência, estas assumiam as formas de desperdício ostensivo[2] e de filantropia. No capitalismo dos monopólios, essas formas vão se manter sob uma nova roupagem. As despesas de representação continuarão a espantar e intimidar o público pela sua grandiosidade, bem como granjear-lhe a fidelidade e a afeição, ressaltando o destacado "papel social da empresa".

Outra característica sublinhada pelos autores é o *ethos* racionalista das grandes companhias, demandado pelo volume de operações e pelo horizonte temporal daí decorrente. Os investimentos em pesquisa, contabilidade de custos e processamento de dados são indicadores desse novo padrão de comportamento empresarial, que tentará evitar sistematicamente os riscos. Decorrente desse último aspecto, apresenta-se o que os autores vão chamar, reivindicando Schumpeter, de *comportamento correspectivo*, que se caracteriza pela tolerância em relação aos concorrentes, o que só é possível no contexto dos monopólios. Para um exame mais rigoroso dessa última questão, os autores propõem a análise do problema da interação entre as empresas. A partir daqui, entramos no núcleo principal do raciocínio deles, que se articula em torno da tendência ao crescimento do *excedente*, bem como de suas formas de utilização.

A dinâmica do capitalismo monopolista é alimentada, fundamentalmente, pelas iniciativas das empresas gigantes, que protagonizam todo o processo. Estas, cada uma tendo em vista seus próprios fins, fazem um autêntico planejamento de suas atividades. Entretanto, a totalidade não é planificada, funcionando mais como um resultado não intencional das decisões das suas numerosas unidades. Baran e Sweezy afirmam: "E como as relações de mercado são essencialmente relações de preço, o estudo do capitalismo monopolista como o do capi-

2. É com referência a este fenômeno que, seguramente, se pode reportar a Veblen (1968).

talismo competitivo, deve começar com o funcionamento do mecanismo dos preços" (1978:61).

Já foi sinalizada a autocrítica dos autores quanto à lacuna em relação ao processo de trabalho e ao papel da tecnologia no capitalismo monopolista, o que já indica uma negligência por parte deles quanto à esfera da produção. Tomar como ponto de partida o mecanismo dos preços no mercado parece-me uma revisão ampla do marxismo e um retorno aos fundamentos da economia política clássica, com sua ênfase no momento da circulação. Essa revisão não é novidade, haja vista que tal intenção foi explicitada pelos autores logo de início.

Baran e Sweezy salientam uma diferença crucial entre o capitalismo competitivo e o monopolista, qual seja, no primeiro, os capitalistas individuais aceitam os preços, enquanto, no segundo, as grandes empresas ditam os preços. Eles realizam uma crítica da literatura teórica e empírica pela sua insuficiência quanto ao sistema de preços monopolista e, também, à falta de articulação entre microeconomia e macroeconomia. Sobre o sistema de preços, atribuem os primeiros grandes ataques à teoria tradicional à Joan Robinson e E. H. Chamberlin. De sua obra derivam várias outras no terreno da microeconomia, mas que tiveram pouca repercussão nas análises macroeconômicas. Mesmo Keynes, a quem os autores imputam os maiores progressos da economia política durante as três últimas décadas, não absorveu plenamente essas contribuições, aceitando a teoria ortodoxa do ciclo econômico, com o sistema de preços competitivo. Para Baran e Sweezy, as razões do divórcio acentuado entre micro e macroteorias são encontradas no caráter apologético da economia burguesa. Assim, promover essa reunião significa romper com aquele caráter e desnudar as pretensões do capitalismo de ser uma ordem social racional. Eles resgatam dois investigadores que enfrentaram o desafio da reintegração das teorias micro e macroeconômicas e que são referências decisivas para suas reflexões: Michal Kalecki e Josef Steindl.

Segundo Baran e Sweezy, as empresas gigantes negociam os preços, buscando eliminar a sua redução como arma na guerra econômica. Dessa forma, abre-se a possibilidade do já citado "comportamento correspectivo" entre empresas sucedâneas, onde se trabalha no sentido de maximizar os lucros do setor como um todo. As formas de exercer esse controle são variadas: trustes e cartéis rígidos; acordos abertos, tácitos, secretos etc. Nos EUA, *locus* da presente análise, em função da força da ideologia competitiva, tende-se a disfarçar esses mecanismos por meio do acordo implícito na "liderança de preços" pela firma mais poderosa. Nesse contexto, há uma tendência de não redução dos preços, o que feriria a convenção estabelecida. Logo,

> "[...] no oligopólio, os preços tendem a ser mais constantes no aspecto decrescente do que no aspecto ascendente, e tal fato introduz uma significativa tendência ascendente no nível geral de preços numa economia de capitalismo monopolista" (Baran e Sweezy, 1978:70).

Há, nessa afirmação, a expressão correta de uma contradição que opera permanentemente no âmago do modo de produção capitalista. Todavia, como eles não trabalham com a lei do valor, limitando-se à esfera dos preços, fica incompleta sua explicação da maximização dos lucros no capitalismo monopolista. Por que há uma pressão pelo decréscimo dos preços e, em contrapartida, uma tendência ascendente no seu nível geral? Como a concorrência efetivamente se expressa no capitalismo monopolista? Evidentemente, não é no âmbito dos preços.

Os autores revelam a existência de outras armas na disputa de mercados, além da concorrência de preços "abandonada" no contexto dos monopólios. Porém, antes de explicitá-las, fazem algumas considerações interessantes e essenciais acerca do Estado. Este último é tomado na acepção clássica de Marx, ou seja, como "um comitê para administrar os interesses comuns da totalidade da classe burguesa". Assim, por meio de subsídios, de infra-estrutura e uma série de outras intervenções e regulamentações, o Estado assegura subservientemente os interesses do capital monopolista. Entretanto, embora o Estado seja um ator fundamental em todo esse processo, Baran e Sweezy se contrapõem ao conceito de capitalismo monopolista de Estado:

> "Preferimos não seguir esse precedente e sim usar as expressões 'capitalismo monopolista' e 'capital monopolista', sem restrição, por dois motivos. Em primeiro lugar, o Estado sempre desempenhou um papel crucial no desenvolvimento do capitalismo, e, embora esse papel tenha decerto aumentado quantitativamente, os indícios de modificação qualitativa nas últimas décadas não nos parecem convincentes. Nessas circunstâncias, dar ênfase especial ao papel do Estado na fase presente do capitalismo monopolista pode apenas levar os leitores à suposição errônea de que ele teve importância insignificante na história anterior do capitalismo. Ainda mais importante é o fato de que expressões como 'capitalismo de Estado' e 'capitalismo monopolista de Estado' encerram quase inevitavelmente a conotação de que o Estado é uma força social independente, coordenada com a empresa privada, e que o funcionamento do sistema é determinado não só pela cooperação dessas duas forças, mas também pelos seus antagonismos e conflitos" (1978:74).

Os autores seguem, então, colocando as formas em que se expressa a concorrência e que influem diretamente sobre os custos de produção, afetando a magnitude do excedente, cuja tendência persistente é a de elevar-se. Há duas formas decisivas da concorrência: a dinâmica da divisão do mercado e a campanha de vendas. Sobre a primeira, Baran e Sweezy lembram o já conhecido fato de que as empresas com menores custos podem ser mais agressivas no mercado. Nesse sentido, há uma corrida permanente pela diminuição dos custos, que se expressa na introdução de novas tecnologias e novos produtos. A motivação dessa corrida é o aumento dos lucros. Observa-se, então, segundo essa concepção, uma tendência à elevação absoluta e relativa do excedente. Para os autores, essa "lei do excedente crescente" se contrapõe à queda tendencial da taxa de lucros, postulada por Marx, ao analisar o capitalismo em sua fase competitiva. Assim, declaram:

> "Substituindo a lei do lucro decrescente pela do excedente crescente, não estamos, portanto, negando ou modificando um

teorema tradicional da economia política; estamos simplesmente tomando conhecimento do fato indubitável de que a estrutura da economia capitalista sofreu uma modificação fundamental desde que tal teorema foi formulado. O que é mais essencial na modificação estrutural sofrida pelo capitalismo, de sua forma competitiva para a monopolista, encontra sua expressão teórica nessa substituição" (Baran e Sweezy, 1978:79).

Antes de tecer algumas considerações acerca dessa proposição, realizarei uma breve incursão em "O conceito de excedente econômico" (Baran, 1984), no qual se encontra uma abordagem mais precisa da questão. Baran aponta três variantes do conceito de excedente econômico. O *excedente econômico efetivo* seria a diferença entre o produto social efetivo de uma comunidade e seu *efetivo* consumo. Essa parcela do excedente econômico articula-se aos ativos consumidos produtivamente e corresponde à parte menor do produto social abrangida pela noção de mais-valia. O *excedente econômico potencial* é aquela diferença que poderia ser obtida entre o uso dos recursos tecnológicos e naturais realmente disponíveis e o consumo indispensável de determinada sociedade. Como o excedente potencial não se transforma em efetivo, o que exigiria uma ruptura estrutural na sociedade, aquele assume algumas formas específicas no capitalismo: o consumo supérfluo das camadas de alta renda; a produção que deixa de ser realizada e a existência de trabalhadores improdutivos; a produção que se perde em função do desperdício; e, por fim, a produção que não se obtém devido ao desemprego estrutural e à queda da procura efetiva. A mensuração dessas formas do excedente econômico potencial encontra fortes obstáculos, uma vez que a categoria proposta ultrapassa os horizontes da ordem social capitalista e os limites do pensamento econômico burguês, tendo como referência uma sociedade organizada de forma mais racional. Assim, o que parece indispensável à economia política burguesa surge aos olhos do pensamento econômico socialista como supérfluo, improdutivo e esbanjador. Nesse sentido, "a Economia nega qualquer 'respeitabilidade' à distinção entre consumo indispensável e supérfluo, entre trabalho produtivo e trabalho improdutivo, entre excedente efetivo e excedente potencial" (Baran, 1984:53).

Baran critica a concepção metafísica do bem-estar das populações baseada em parâmetros abstratos de mensuração das necessidades humanas, preconizados pelo apologético e ideológico ramo da economia do bem-estar. Aqui, os economistas avaliam o atendimento das necessidades humanas segundo critérios suscitados na própria ordem burguesa, ou seja, a inserção no mercado. Este é o palco da eficiência quanto ao atendimento das demandas. A configuração da ordem monopolista pressiona na direção de uma abertura nos parâmetros de análise, quando a economia burguesa começa a perceber algumas distinções. Para o autor, um esforço racional permitiria vislumbrar claramente o excedente econômico potencial que adquire forma de consumo supérfluo.

Quanto à distinção entre trabalhadores produtivos e improdutivos, a economia burguesa assume uma firme oposição. As atividades laborativas são equalizadas ao adquirir um preço no mercado. Dessa forma, a única diferença é a magnitude da remuneração entre os vários tipos de trabalho. No entanto, o trabalho improdutivo, segundo Baran, representa uma parcela significativa do trabalho empregado, que não se relaciona diretamente com o processo de produção e se mantém por uma parte do excedente econômico da sociedade.

> "Esta parcela consiste [...] em todo o trabalho empregado na produção de bens e serviços cuja procura pode ser atribuída às condições e relações peculiares ao sistema capitalista, procura esta que se não verificaria numa sociedade racionalmente organizada" (Baran, 1984:58).

O nível de racionalidade e avanço na direção do socialismo, para Baran, pode ser aferido pela capacidade da sociedade de eliminar esse tipo de trabalho. Essa é a razão da não-inclusão de determinadas categorias (cientistas, médicos, artistas, professores etc.) — que seriam bastante solicitadas na condução desse processo — no conceito de trabalho improdutivo.

É difícil aferir a outra forma na qual se expressa (e se oculta) o excedente econômico potencial. São enormes os desperdícios e irracionalidades na organização produtiva, ou seja, a *capacidade ociosa*. Neste item, Baran insere: a subutilização das economias de escala e a irracional diferenciação de produtos; a proliferação de pequenas empresas e os desperdícios dos monopólios com as despesas de representação (altíssimos salários de funcionários, campanhas de vendas, pesquisa direcionada à maximização dos lucros etc.).

O desemprego é um último indicador do excedente econômico potencial, seja ele provocado por técnicas capital intensivas, ou mesmo pela queda da procura efetiva.

A terceira variante do excedente econômico é a que o autor denomina *excedente econômico planejado*, aplicável ao planejamento global da sociedade socialista, orientada pela razão e pela ciência. Segundo Baran:

> "O fundamental é que o volume do produto social não seria determinado pelo resultado fortuito de um sem-número de decisões desordenadas por empreendedores e empresas isoladamente. Seria determinado, isso sim, por um plano racional que expressasse o que a sociedade deseja produzir, consumir, poupar e investir durante um período de tempo determinado" (1984:66).

Parece que, tanto em *Capitalismo monopolista* quanto neste capítulo de *A economia política do desenvolvimento*, se nossos autores conseguem demonstrar aspectos fundamentais do capitalismo contemporâneo, por outro lado não conseguem realizar uma análise exaustiva e suficiente quanto à superação da lei do valor e da queda tendencial da taxa de lucros, na via preconizada por Marx em *O capital*. Não seria o crescimento do excedente econômico potencial (nos termos de Baran) a expressão contundente da luta incansável do capital pela continuidade das relações capitalistas de produção? Não seriam as formas de utilização do excedente econômico potencial exatamente a criação de contratendências necessárias às crises cíclicas de superprodução, agora transformadas em recessões, no melhor estilo keynesiano? Dessa maneira, considero que a categoria excedente econômico e a reflexão global de Baran e Sweezy colocam-se, por um lado, de um ponto de vista anticapitalista (e, nessa direção, suas conclusões são inequívocas); mas, por outro, manifesta-se uma incompreensão acerca da operação da queda da taxa de lucros enquanto tendência histórica.[3] Desse ponto de vista, as formas de utilização do excedente (cuja existência não se explica pelo sistema de preços) são contratendências geradas no modo de produção capitalista, diante das crescentes dificuldades de valorização do capital. Eis por que a reflexão mandeliana é mais completa que as proposições de Baran e Sweezy.

Colocada a restrição mais importante ao trabalho de Baran e Sweezy,[4] vale observar os desdobramentos de seu raciocínio. Pensando ter demonstrado a *natureza* da tendência sistemática de crescimento do excedente, o que não me parece real, os autores passam a problematizar a absorção do excedente. Em primeiro lugar, a atenção deles está concentrada no consumo e investimento privados. Para Baran e Sweezy, o investimento é a parte do excedente que mais cresce, se comparado ao consumo dos capitalistas. No entanto, esse crescimento é autolimitador, já que a capacidade de produção cresce mais rapidamente que o produto, gerando ociosidade no investimento. Embora nossos autores sinalizem, *en passant*, a relação íntima entre os lucros e a taxa de operação das empresas, inclusive

---

3. Aqui, vale lembrar a indicação de Carlos Nelson Coutinho, onde a queda da taxa de lucros é uma pressão, uma tendência do capital que não se manifesta *imediatamente*. Os sinais de sua existência fazem-se sentir nas contratendências gestadas.

4. Embora em "Marxismo y 'capital monopolista'", Paul Mattick aponte alguns problemas do trabalho de Baran e Sweezy, especialmente seu viés keynesiano, críticas com as quais concordo literalmente, cabe pontuar na sua análise algumas ponderações: identifiquei certa subestimação das alterações significativas (que não infirmam, mas, antes, confirmam as descobertas de Marx) que ocorrem no desenvolvimento do capitalismo, após a crise de 1929. Assim, se a perspectiva de análise dos autores é questionável, algumas de suas descobertas paradoxalmente não o são. É o caso da mudança do papel do Estado apontada pelos autores, o que para Mattick é extra-econômico, extramercado. Em Mattick há uma leitura profundamente objetivista acerca da operação da lei do valor, que não considera as formas históricas que tal operação engendra. Portanto, pode-se associar os limites da crítica de Mattick a Baran e Sweezy com a sua ainda mais questionável, abordagem de *O capitalismo tardio* de Mandel.

a possibilidade de queda do excedente a partir de uma produção abaixo da capacidade (Baran e Sweezy, 1978:88,89), há uma insistência acerca de um "esquema de lucratividade" assentado nos preços. Contudo, se o sistema é deixado à mercê de seus mecanismos e investimentos endógenos, há a estagnação e o desemprego, ou seja, a depressão permanente.

É nesse sentido que se colocam os investimentos exógenos, que ocorrem independentemente dos fatores de procura criados pelo funcionamento normal do sistema. Estes aparecem, então, sob três formas: investimentos relacionados ao crescimento da população; investimentos em novos métodos de produção e novos produtos; e investimentos no exterior. Quanto ao crescimento da população, os autores dizem que este elemento pode impulsionar campos de investimento, mas, ao mesmo tempo, gerar tensões no sentido da depressão econômica, das quais o desemprego é uma expressão. Portanto, esse não é um fator decisivo. Sobre os novos métodos de produção e os novos produtos como fonte de absorção do excedente, eles vêem um crescimento dos investimentos em pesquisa e desenvolvimento e um movimento de transformações tecnológicas permanentes no capitalismo. Entretanto, esse elemento, enquanto efeito favorável na economia, só é válido ao considerar-se o capitalismo competitivo. Para Baran e Sweezy, os cálculos cuidadosos acerca da maximização dos lucros no capitalismo monopolista não comportam a compulsão tecnológica competitiva (*sic*!). Há, então, "uma taxa mais lenta de introdução de inovações do que no sistema competitivo" (Baran e Sweezy, 1978:99). Sem dúvida, essa proposição contrapõe-se à caracterização mandeliana dos superlucros extraídos a partir do diferencial de produtividade do trabalho entre empresas do mesmo ramo. Dentro disso, a inovação tecnológica é permanente, na busca de menores valores de produção.[5] Logo, a concorrência e a busca da maximização dos lucros se manifestam nesse momento

5. Vale remeter à diferença que Mandel (1982) estabelece entre inovação técnica radical e a introdução parcial de inovações, e que a última forma tende a predominar num período de estagnação, onde as rendas tecnológicas (com base no diferencial de produtividade) são hegemônicas.

e não na definição dos preços. No entanto, a preocupação de Baran e Sweezy é a absorção do excedente, não a sua produção. Nesse passo, sustentam que, enquanto possibilidade de investimento, o excedente ultrapassa em muito a demanda da inovação tecnológica, o que torna esta última irrelevante, não constituindo um escoadouro significativo para o excedente econômico.[6] Sobre os investimentos no exterior, Baran e Sweezy sinalizam que as exportações de capital são bem menores que o retorno do rendimento dos investimentos. Assim, por intermédio desse mecanismo há um agravamento do problema da absorção do excedente, e não sua solução.

Diante desse quadro, os autores concluem corretamente que o capitalismo monopolista é contraditório porque gera um excedente cada vez maior, sem proporcionar o consumo e o investimento necessários para sua absorção. Configura-se, portanto, um contexto econômico no qual a "normalidade" é a estagnação. Porém "forças neutralizantes" são mobilizadas para frear essa tendência, cuja explicação poderia ser encontrada, para além das aparências formais, na lei do valor, em Marx. Entretanto, os autores recusam essa direção para sua pesquisa.

Pois bem, as contradições do capitalismo monopolista se expressam na incapacidade crônica de absorver o excedente produzido. Logo, não existe escassez, mas excesso. Em decorrência disso, em vez de reduzir a oferta ou os preços, a questão central para o capitalismo monopolista será o estímulo da procura (por que não dizer da realização da mais-valia?). Parte do excedente é investido nesse processo, que é uma questão de vida ou morte para o capital. A despeito da recorrente argumentação crítica de Baran e Sweezy acerca da queda tendencial da taxa de lucros, que, a meu ver, paradoxalmente é confirmada no decorrer da análise, a seqüência da sua reflexão encerra descobertas bastante significativas para a abordagem do capitalismo contemporâneo.

---

6. Porém, numa significativa nota de rodapé, os autores chamam a atenção sobre os investimentos em pesquisa e desenvolvimento por parte de entidades não empresariais, que se elevaram em 45% em 1959. Aqui, é visível a relação entre Estado e empresariado, e o significado da inovação tecnológica na produção do "excedente".

Além do consumo e dos investimentos endógenos do capital, Baran e Sweezy sublinham três momentos fundamentais de absorção do excedente econômico: a campanha de vendas ou despesas de circulação, segundo Marx; a administração civil e o militarismo articulado ao imperialismo.

Embora a campanha de vendas seja um fenômeno anterior ao capitalismo monopolista, é aí que ela se torna um centro nervoso decisivo, com uma intensificação espetacular da sua influência na dinâmica social. Na "ausência" da competição de preços, a competitividade impiedosa no capitalismo expressa-se sob a roupagem da publicidade, da variação do aspecto dos produtos, da "obsolescência planejada", vendas a crédito etc. A antiga publicidade proclamativa e repetitiva dá lugar à persuasão, principalmente com a entrada em cena de um personagem importantíssimo: a televisão. Crescem também as despesas com pesquisas de mercado, planejamento comercial, relações públicas e áreas afins. Trata-se de um enorme esforço, principalmente dos monopólios, de sobrepor uma representação do produto à sua qualidade e/ou utilidade, manipulando as necessidades do consumidor.

É interessante perceber que, embora Baran e Sweezy apresentem uma abordagem que transita nas fronteiras entre o marxismo e o keynesianismo, existe um elemento comum entre sua elaboração e a de Mandel, qual seja, a necessidade premente do capital de gerar contratendências à estagnação crônica. Daí que, mesmo sem chegar à essência do problema, os autores apreendam determinações relevantes na configuração do capitalismo monopolista.

Os efeitos da absorção do excedente por meio das campanhas de vendas são inúmeros: a inclusão desses gastos nos custos dos produtos gera um aumento dos preços que cria a tendência à diminuição dos salários reais dos trabalhadores produtivos; os trabalhadores *improdutivos* são sustentados pelos produtivos e constituem também um mercado de consumo importante; o impacto das campanhas sobre a estrutura da renda e da produção é enorme, inclusive no que se refere à divisão da renda total entre consumo e poupança; há uma estratificação cada vez maior no interior da classe trabalhadora, sobretudo se combinando as campanhas de vendas com as inovações tecnológicas; o crédito ao consumidor é bastante ampliado, constituindo uma arma eficiente na guerra entre consumo e poupança.

Baran e Sweezy identificam a orgânica ligação entre o mundo da produção e as campanhas de vendas relacionada, entre outras implicações, às alterações no interior da fábrica como resultado das pesquisas de mercado. Trata-se do incremento tecnológico planejado e da obsolescência pré-fabricada. Com isso, impõe-se uma dificuldade de delimitar, segundo os autores, os custos de produção (trabalho) e da campanha de vendas (seus efeitos na produção). Ao enfrentar a questão, os autores, tomando como exemplo a indústria automobilística com todo o seu peso na economia norte-americana da época, estabelecem uma diferenciação entre o trabalho investido na utilidade do produto e aquele investido para torná-lo mais vendável (custos socialmente necessários e custos de vendas). A conclusão a que chegam é a de que enormes custos de vendas são fundidos nos custos de produção, tendo em vista a maximização dos lucros. Além das campanhas de vendas de produtos, um amplo setor financeiro relacionado a imóveis, seguros etc. também compõe o arcabouço complexo de estímulos à sobrevida do capital, o que configura o desperdício e a irracionalidade do sistema.

Outras formas de absorção do excedente econômico aparecem sob a rubrica da administração civil. Aqui, os autores discutem a intervenção do Estado no capitalismo monopolista, que está relacionada ao aumento da "procura efetiva", segundo a expressão keynesiana. Em geral, essa alternativa fundou-se na expansão do *déficit* público. No entanto, Baran e Sweezy sustentam a possibilidade de realizar inúmeras transferências financeiras, compras diretas de bens e serviços e outras formas de pressão estatal pelo aumento da procura efetiva com um orçamento equilibrado. Apontam ainda que, nos Estados Unidos, não se pode caracterizar uma trajetória fiscal marcada por *déficits* persistentes e crescentes. Tanto em Mandel quanto, e principalmente, em James O'Connor, que analisarei em seguida, podem-se encontrar abordagens mais consistentes acerca da ampliação crescente do *déficit* público no conjunto dos países que adotaram a estratégia keynesiana e, especialmente, nos EUA.

Sem se deter na questão do *déficit* público, os autores seguem descrevendo uma tendência de crescimento do dispêndio governamental em relação ao PNB, em termos percentuais e absolutos, particularmente a partir de 1929. Embora a participação do governo tenha aumentado, isso não engendrou uma tributação sobre os lucros privados. Pelo contrário, há a complementaridade entre a apropriação de parcela crescente do excedente pelo governo e o crescimento da produção de excedente pelo setor privado. Portanto, mesmo com alguma hostilidade de setores do capital, pode-se observar uma mudança de atitude da burguesia em relação ao papel do governo, principalmente do grande capital monopolista, seu setor mais moderno.

Do ponto de vista dos trabalhadores, esse novo contexto tem o seguinte significado para Baran e Sweezy: ao gerar empregos, as despesas e a tributação governamentais tornaram-se um mecanismo de criação de renda. Assim, não há uma oposição sistemática ao crescimento da intervenção governamental nem do capital, nem do trabalho. A luta será travada em torno de onde e sobre o que se fará a despesa governamental.

Na análise do dispêndio governamental norte-americano, entre 1929 e 1957, os autores percebem três itens de destinação dos recursos: compras não destinadas à defesa, transferências financeiras e compras para fins de defesa. O primeiro item é a contribuição direta do governo[7] para o funcionamento e bem-estar da sociedade, onde estão incluídas as políticas sociais.

---

7. É interessante notar que, na análise, Baran e Sweezy pouco utilizam o termo *Estado*, referindo-se a governo. Portanto, não há, formalmente, uma distinção entre as duas categorias, o que caracteriza a tradição anglo-saxônica.

Neste item há apenas uma absorção residual do excedente. Já nas transferências financeiras há uma absorção significativa do excedente. Trata-se da ampliação do seguro social, que configura o que se costumou chamar de "Estado de bem-estar social". Porém, nos gastos com a defesa ocorre uma elevação súbita e espantosa. Este é o item que absorve a parcela maior do excedente apropriado pelo governo.

> "A absorção maciça do excedente em preparativos militares foi o fator-chave da história econômica dos Estados Unidos no pós-guerra. Cerca de seis ou sete milhões de trabalhadores, ou mais de 9% da força de trabalho, dependem hoje, em seus empregos, do orçamento militar" (Baran e Sweezy, 1978:157).

Pode-se vislumbrar, nessa estimativa, uma avaliação comum a Mandel, Boccara e aos dois autores. Portanto, diante do Estado belicista que dá enorme suporte à economia norte-americana, esboçam-se duas alternativas: a volta ao mercado acompanhada da redução dos impostos, ou a substituição dos gastos militares por gastos sociais, constituindo um verdadeiro Estado de bem-estar. Os autores consideram esta segunda posição válida, mas questionam a sua viabilidade, remetendo a questão à vontade política e às modalidades do poder político. Nesse momento, realizam uma crítica contundente da democracia burguesa, que guarda em si uma contradição latente, cuja expressão aparece na seguinte afirmação, reveladora do caráter do exercício da política nos EUA: "Os votos são a fonte nominal do poder político, o dinheiro a fonte real: o sistema, em outras palavras, é democrático na forma e plutocrático na essência" (Baran e Sweezy, 1978:158).

Quando, ainda que nesse contexto, as forças populares se aproximam do poder político, há uma tendência de que as oligarquias econômicas e políticas lancem mão de formas autoritárias diretas. Porém, essas "oligarquias endinheiradas" preferem o governo democrático, no qual seu poder político é ratificado periodicamente. Outros métodos mais sutis são utilizados para manter a agressividade das lutas sindicais nos limites do sistema, que passam inclusive pela corrupção das lideranças, mas também por concessões pontuais ao movimento. Nos EUA, até 1929, as oligarquias exerciam o poder político com poucos obstáculos à sua frente, e o bem-estar social das classes "inferiores" não era visto como uma responsabilidade do governo. O *New Deal* impõe uma ruptura com essa concepção, ampliando os gastos nos itens "compras não destinadas à defesa" e "transferências financeiras". No entanto, essa expansão significativa não foi capaz de assegurar a saída do contexto depressivo. Apenas quando os gastos militares entram em cena, com a guerra, é que se expressa uma retomada rápida do crescimento econômico. Portanto, os gastos sociais não conseguem representar por si só uma alternativa aos gastos militares, enquanto contratendência à estagnação capitalista, o que sublinha o caráter irracional desse modo de produção.

Segundo Baran e Sweezy as despesas civis encontram seus limites, na estrutura de poder do capitalismo monopolista americano, onde as forças contrárias à sua expansão são demasiado fortes e pouco flexíveis, tanto no nível federal quanto e principalmente local. Esses limites são explicados não tanto por uma suposta resistência das oligarquias à elevação dos impostos. Trata-se, antes, das "formas pelas quais esses interesses (das oligarquias) são afetados pelos vários tipos de dispêndio" (Baran e Sweezy, 1978:167). Os autores trazem alguns exemplos bastante interessantes para quem formula políticas sociais. Neles emerge com toda a agudeza a lógica da maximização dos lucros privados e a indiferença para com as necessidades sociais, acrescidos da reprodução política e social do sistema. Desse modo, a ação das oligarquias, quanto às despesas civis, coloca-se no sentido de mantê-las sob controle e voltadas aos seus interesses. Diante disso, Baran e Sweezy indagam: "Por que a oligarquia, que mantém tão curta a rédea das despesas civis, tornou-se, nas duas últimas décadas (50/60), tão liberal para com os gastos militares?" (1978:179).

Para analisar o papel das forças armadas no capitalismo monopolista, Baran e Sweezy realizam duas reflexões preliminares. Primeiro, que a guerra e tudo o que a cerca — constituição, organização e manutenção das forças armadas — sempre tiveram influência profunda no desenvolvimento econômico. E, segundo, que o capitalismo é internacional, ou seja, compõe-se de uma hierarquia de nações que circunscrevem um complexo de relações de exploração. Para avaliar a absorção do excedente nos EUA, é fundamental considerar o uso internacional da força armada. Com essa preocupação, os autores recordam o argumento historicamente construído para a expansão dos gastos militares: a proteção do "mundo livre" contra a ameaça de agressão das forças comunistas. O objetivo é impedir a expansão do socialismo[8] a qualquer custo, por um motivo eminentemente econômico: a garantia da consolidação das multinacionais no mercado internacional, particularmente as remessas de lucros do exterior, que passaram a ocupar um papel cada vez mais crucial na contabilidade dos grandes monopólios.

Do ponto de vista interno, os gastos militares do governo são o cliente ideal da iniciativa privada, e não constituem concorrência a possíveis campos de investimentos privados. O contrário ocorre com os gastos sociais, que tendem a solapar a posição privilegiada das oligarquias. Cabe, nesse momento, pontuar mais uma diferença entre as proposições de Baran e Sweezy e Mandel. Este último coloca os gastos sociais e militares como contratendências à queda tendencial da taxa de lucros, sendo os gastos sociais mantidos dentro de limites determinados.

Assim, sob o impulso da Guerra Fria, intensificou-se o predomínio do complexo industrial-militar sobre a sociedade americana, fato que enfrentou uma oposição bastante residual. No entanto, o capitalismo não encontrou nessa alternativa a solução para suas contradições, ou seja, a crescente ampliação dos gastos militares não conteve as tendências à estagnação. Os limites são econômicos, em razão da alteração da procura militar, onde as novas tecnologias de guerra dispensam mão-de-obra. Portanto, o orçamento militar se amplia, mas gera menos empregos. O segundo limite à prosperidade perpétua do capital por meio da corrida armamentista é a autodestruição

8. À exceção da crítica ao conceito do CME, Baran e Sweezy não formulam, neste texto, nenhuma restrição ao "socialismo realmente existente".

da humanidade que a proposta encerra, o que já é questionado por segmentos influentes nos EUA, no período abordado por Baran e Sweezy. Esses limites não implicam a inviabilidade desse vetor como pólo importante de absorção do excedente econômico. Porém, percebê-los é decisivo, porque evidenciam a ausência de respostas do capital às suas contradições internas que, para Baran e Sweezy, se expressam como excedente econômico efetivo e potencial.

Nos três últimos capítulos de *Capitalismo monopolista*, Baran e Sweezy demonstram toda sua sensibilidade e ressaltam seu olhar radicalmente crítico para a lógica que parcialmente vislumbram observando a sociedade norte-americana.

Em "Capitalismo monopolista e relações raciais" encontram-se valiosas indicações para compreender, por exemplo, as últimas explosões de conflitos raciais em Los Angeles, nos EUA (1992). Além de buscar as origens do preconceito racial no escravismo, os autores questionam se o fim desse período viabilizou uma absorção igualitária de negros e brancos no mercado de trabalho. No cerne da discussão encontra-se a diferença, construída historicamente, entre o setor monopolista e o não-monopolista. O primeiro absorve a mão-de-obra branca, que é alvo de uma política de concessões mínimas. O segundo incorpora um subproletariado de maioria negra, que só alcança algumas concessões por pressão, tentativas de disfarce do preconceito ou cooptação de lideranças negras. Evidentemente, essa é a síntese brevíssima de uma reflexão que vai além do significado econômico da questão racial nos EUA. Baran e Sweezy demonstram grande preocupação em relação à naturalização do preconceito racial na consciência do cidadão médio, na vida cotidiana.

Ao discorrer "Sobre a qualidade da sociedade capitalista monopolista", os autores identificam um clima moral (EUA, 1966) em que predominam a desorientação, a apatia, o desespero e a solidão.[9] Para eles,

---

9. Aqui, percebe-se um certo pessimismo, típico dos que sofreram os impactos do fascismo, da Guerra Fria, do stalinismo e da Comemoração Americana.

> "[...] a descoberta de importância decisiva é a de que o capitalismo monopolista, apesar de toda a produtividade e riqueza que criou, fracassou totalmente em fundar as bases de uma sociedade capaz de promover o desenvolvimento saudável e feliz de seus membros" (Baran e Sweezy, 1978:284).

A ampliação do número de suicídios e da pobreza, que a Comemoração Americana pensou ter extinguido, é um sinal que atesta sua afirmação. Definindo a pobreza como uma situação em que a renda não cobre um nível mínimo de sobrevivência, os autores concluem que, para os "padrões da própria sociedade capitalista americana", metade do povo vive na pobreza. Relatam também o caos na habitação, setor perpassado pela corrupção e pela ausência de vontade política; sublinham o colapso do sistema de transportes; e trabalham longamente a queda vigorosa da qualidade da educação primária, secundária e superior, o que implica uma verdadeira bancarrota cultural dos EUA. Na verdade, eles enterram as ilusões acerca do *American way of life*. O caminho da prosperidade revela-se como caminho da mediocridade e da pobreza em meio à abundância.

Vale dizer que esse binômio escassez *versus* abundância é fulcral na reflexão de Baran e Sweezy. O capitalismo monopolista é a reprodução do princípio do *quid pro quo* "como guia de ação e padrão de moral". Assim, configura-se uma estranha combinação de racionalidade parcial e irracionalidade total, tendo em vista a manutenção da escassez em meio à abundância potencial (e, acrescentaríamos, efetiva). Os desdobramentos dessa "barbárie civilizada" são amplamente analisados pelos autores. Insatisfação, tédio, solidão, fingimento, alienação afetiva, crimes e medo marcam o cotidiano dos indivíduos, cujas energias não são consumidas criativamente.

CAPÍTULO 3

A CRISE FISCAL: o esgotamento do Estado previdenciário-militar

O estudo de James O'Connor acerca da política fiscal norte-americana, editado em 1973 naquele país e em 1977 no Brasil, sob o título *USA: A crise do Estado capitalista*, embora não constitua uma leitura global da dinâmica capitalista, em razão de seu recorte específico,[1] apresenta importantes subsídios para a compreensão desta, particularmente sobre a situação das políticas sociais no contexto da *crise fiscal do Estado*, diga-se, a marcada propensão para os gastos superarem as receitas, gerando o *déficit* estatal.[2]

Numa primeira aproximação, O'Connor define que as categorias que constituem seu ponto de partida se orientam

---

1. O título original, *The fiscal crisis of the State*, sugere uma especificidade no estudo de O'Connor. Já o título brasileiro aponta uma abordagem global do capitalismo. De minha parte, prefiro a designação original, que garante o recorte do autor.

2. O autor prefere o termo estatal a público, levantando a mais do que justa indagação: até que ponto são "públicas" as transações financeiras que ocorrem no setor estatal?

pela economia marxista, adaptadas ao problema da análise orçamentária. Contudo, ele não esclarece quais são suas referências no interior da tradição marxista, que, como se viu, encerra abordagens diferentes dos problemas do capitalismo contemporâneo. No entanto, pode-se deduzir da bibliografia sugerida para consulta acerca de temas específicos, e de algumas passagens do texto, sua filiação aos conceitos de excedente e capitalismo monopolista de Estado (que se excluem, segundo seus formuladores). Este fato implica alguns limites de sua abordagem, mas não infirma a análise da crise fiscal do Estado.

Seu foco analítico estará voltado para os Estados Unidos no pós-Segunda Guerra Mundial, ou melhor, O'Connor propõe-se traçar a anatomia do *capitalismo estatal americano* nesse período. Além de distinguir as atividades econômicas entre privadas e estatais, nas primeiras o autor identifica um setor competitivo e outro monopolista. O setor competitivo se caracteriza pela baixa produtividade do trabalho e por uma produção para mercados sazonais e irregulares, o que implica salários baixos, condições de trabalho precárias, subemprego e desemprego vinculados ao setor. Essas características não engendram uma forte organização sindical, pelo contrário. Portanto, a lógica do setor competitivo constitui demandas importantes para o Estado, ao gerar um contingente populacional bastante dependente de meios de subsistência. A população negra e as mulheres estão concentradas nesse setor. O'Connor articula racismo e sexismo como elementos constitutivos da acumulação de capital nos EUA, em vários momentos, no decorrer da sua análise.

Já no setor monopolista predomina uma alta produtividade do trabalho, voltada para o mercado nacional ou mesmo internacional. Os monopólios, pela sua complexidade e a conseqüente necessidade de prever riscos, são mais estáveis, e as estratégias de planejamento são um indicador dessa tendência. Os salários são mais altos nesse setor e o movimento sindical é bastante forte, principalmente a partir das décadas de 30 e 40.

Para O'Connor, o setor estatal compreende duas categorias: a produção direta de bens e serviços pelo Estado e a produção organizada por empresas contratadas pelo Estado. Na primeira categoria, há uma tendência de que a produtividade do trabalho cresça lentamente. Na segunda, a produtividade cresce em função de prioridades orçamentárias. Embora a heterogeneidade social seja um elemento inibidor da atividade sindical, a mão-de-obra aqui é mais bem organizada que a do setor competitivo, mesmo não se comparando ao setor monopolista.

Distinguidos os três setores, que, *grosso modo*, incluem um terço da população ativa em cada um, O'Connor se detém na determinação de preços e salários no setor privado. Para ele, salários, preços e lucros do setor competitivo são determinados pelos mecanismos de mercado. Aqui, percebe-se a influência do marxismo peculiar de Baran e Sweezy, que inicia pelo exame dos preços sua abordagem global da dinâmica do capitalismo monopolista. No setor monopolista, as corporações controlam o mercado, administrando os preços. Com isso, os salários passam a determinar os preços nesse âmbito. Embora exista a pressão do setor competitivo e da reserva de mão-de-obra para uma baixa dos salários no setor monopolista, O'Connor atenta para a força coletiva do operariado, que, tendo como referência avanços da produtividade do trabalho e o aumento do custo de vida, estabelece um *padrão de barganha* para fins de aumentos salariais. Esse processo não se estende ao setor competitivo, ou seja, tanto as corporações quanto o trabalho organizado retêm as conquistas do progresso técnico e da produtividade no setor monopolista. Não há uma distribuição eqüitativa do produto social pela população em geral, que assiste ao contínuo ascenso de preços e salários e à tendência à inflação permanente. Aqui, cabe sinalizar que Mandel também assinala essa tendência, mas a identifica como a confirmação do descompasso entre produção e realização da mais-valia, gerando mecanismos inflacionários para uma contraposição à queda da taxa de lucros, o que inclui, porém ultrapassa, os mecanismos de preços e salários monopolistas. Portanto, segundo O'Connor, há uma dicotomia entre o setor competitivo e o monopolista, se se considerar as categorias de mercado como parâmetros explicativos.

Quando o autor propõe uma investigação para além das categorias de mercado, remete às forças políticas, sociais e históricas que moldam salários, preços e distribuição de rendas. Desse ponto de vista, aquela dicotomia se explicita num acordo realizado entre trabalhadores e empresas no final da década de 40. O movimento operário do setor monopolista de então optou por uma perspectiva corporativa, reivindicando que os salários acompanhassem a produtividade. Dessa forma, o monopólio ganha aliados para o aumento da produtividade do trabalho (incluindo processos de demissão por introdução de tecnologias poupadoras de mão-de-obra); e, sobretudo, divide o movimento, quando transfere o ônus do processo aos trabalhadores do setor competitivo. Essa vitória das classes dominantes, configurada na aliança com o "sindicalismo de resultados" do setor monopolista, é decisiva para o processo da acumulação capitalista nos EUA. O pacto estabelecido foi rompido apenas eventualmente, em situações de extrema tensão. Essa mesma proposição é ensaiada por Baran e Sweezy, quando examinam o problema racial nos EUA. Porém, O'Connor aprofunda a discussão, fazendo uma crítica contundente à perda da dimensão mais ampla da luta sindical desses segmentos.

Continuando sua análise, O'Connor discute o inter-relacionamento dos setores estatal e privado, onde fica em evidência a complementaridade entre o crescimento do setor monopolista e o crescimento do setor estatal. Há uma socialização dos custos de investimento social como pressupostos da organização monopolista, que recai sobre o Estado; e, ainda, o crescimento de gastos em consumo social (ex.: políticas sociais). Direta (investimento social) ou indiretamente (consumo social), o gasto estatal sustenta a produtividade do setor monopolista. A combinação entre crescimento do setor monopolista e ampliação do setor estatal gera uma contradição: a capacidade produtiva cresce mais depressa que a demanda da produção. Esta é aprofundada, considerando que, embora os salários do setor monopolista *acompanhem* a produtividade, ao incluir o movimento dos salários no setor competitivo, tem-se que os salários reais em seu conjunto aumentam mais lentamente que a produtividade no setor monopolista. Constitui-se, portanto, um hiato entre crescimento do produto e do emprego, o que gera o crescimento de um produto excedente (ou capacidade produtiva excedente) e de uma população excedente (absoluta e relativa). Esta população excedente tende a buscar alternativas nos setores competitivo e estatal quanto ao emprego e também quanto à complementação de suas rendas, por meio de políticas sociais. O'Connor tem restrições ao conceito marxista de exército industrial de reserva que me pareceram insustentáveis. Para ele, as negociações coletivas regulam os salários reduzindo o papel econômico do exército de reserva. Afigura-se um equívoco não considerar a fila de espera de desempregados como uma pressão objetiva e um limite para as negociações coletivas, que fragilizam o lado do trabalho.

Assim, o crescimento do monopólio leva à expansão do setor estatal, por intermédio da ampliação das despesas sociais de produção. No que tange à capacidade produtiva excedente, a solução tem sido o investimento no exterior, o que exige um custoso aparato militar e um conjunto de gastos *imperiais*. Como já sabemos, Baran e Sweezy colocam restrições à possibilidade de absorção do "excedente" em investimentos no exterior, haja vista a remessa de lucros *do* exterior. A esta articulação entre despesas sociais de produção e gastos imperiais, O'Connor denomina *Estado previdenciário-militar*. O peso das despesas bélicas ou das despesas previdenciárias está relacionado ao fator histórico-político de cada país, quando se estabelecem prioridades orçamentárias, sempre subordinadas ao processo de acumulação de capital nas atividades monopolistas.

Além de crescer intensivamente, o capital monopolista também cresce extensivamente, ou seja, tende a liquidar com pequenos empresários (capitalistas excedentes), investindo em setores não-monopolistas. Ocorre, então, um verdadeiro congestionamento no setor competitivo, que gera uma demanda de proteção estatal. O'Connor conclui sua anatomia do *capitalismo estatal norte-americano*, sinalizando uma inflação de salários no âmbito estatal. A proximidade com o setor monopolista e a especialização de tarefas gera padrões de barganha similares. Percebe-se, da análise, uma série de demandas que recaem sobre o Estado, cuja origem está no relacionamento entre o Estado e o setor monopolista. O passo subseqüente do autor é um exame mais detido desse relacionamento, na perspectiva de detectar as dimensões da crise fiscal e social.

Para O'Connor, a causa básica da crise fiscal é a contradição elementar do capitalismo entre produção social e apropriação privada dos meios de produção — afirmação óbvia para um marxista, mas que não tem desdobramento no seu raciocínio. Tal contradição é agravada por algumas tendências estruturais e conjunturais em curso, como: socialização dos custos de capital e despesas sociais de produção pelo capital monopolista; inflação do custo salarial do setor estatal; dependência direta de amplos setores da população em relação ao Estado. *Há, portanto, uma forte demanda dirigida ao Estado, combinada com dificuldades crescentes de ampliação da base tributária* — o que é a tese central do autor —, e tudo isso acontece num contexto de acirramento da concorrência internacional e de estagnação econômica. Solidifica-se, ainda, a tendência à colaboração de classes no setor monopolista, assegurando a transferência de suas dificuldades para os setores competitivo e estatal, e também para os contribuintes, por meio da socialização dos custos na forma de investimentos sociais, consumo social, aumento das despesas militares, entre outros.

Se num primeiro momento a ampliação das despesas estatais favoreceu o crescimento da produção total e da renda geral da economia, gerando um período de relativa estabilidade, a tendência a médio prazo é a crescente dificuldade de financiamento das atividades estatais relacionadas aos *dividendos de crescimento*. Assim, os constantes aumentos nos índices tributários (*tributação forçada*), que são nitidamente inflacionários, tornam-se uma necessidade diante da economia estatal agigantada. Numa interessante digressão sobre a dinâmica das despesas estatais, em períodos *anormais*, quando estas se caracterizam pela impopularidade, O'Connor aponta três possibilidades de comportamento do Estado: 1) o apelo às finanças inflacionárias (antecipação de empréstimos reais, monetarização do débito estatal, aumento arbitrário de depósitos bancários — empréstimos de "si mesmo"); 2) o aumento direto dos tributos (quando é politicamente vantajoso); 3) e, finalmente, a redução das despesas públicas (amplamente impopulares ou destrutivas, segundo o capital monopolista). No conjunto das possibilidades, há uma redução da taxa de expansão dos salários reais, especialmente no setor competitivo, onde os salários caem abaixo do aumento médio de produtividade, arcando com os custos dos acordos entre sindicatos e patrões no setor monopolista. O'Connor identifica um *crescente antagonismo de interesses no seio da classe trabalhadora, referente às prioridades orçamentárias.* Para ele, uma aliança contra o capital monopolista seria a única forma de obter conquistas substantivas, o que expressa certa concordância com os signatários do conceito de capitalismo monopolista de Estado. A "paz trabalhista" alcançada no âmbito dos monopólios dificulta a unificação dos trabalhadores em torno de interesses comuns nos EUA. Entretanto, "nem tudo são flores" para as corporações americanas:

> "Cedo ou tarde a crise fiscal começa a ameaçar as condições tradicionais de 'paz trabalhista' nas indústrias monopolistas. A crise fiscal está na raiz de uma crise social. Os antagonismos político e econômico dividem não só o trabalho e o capital como, também, a classe trabalhadora em si. Esta crise social e a crise fiscal, que a espelha e amplia, por fim abrem caminho e retornam à arena onde ocorrem os conflitos e acordos decisivos entre o capital e o trabalho: as indústrias monopolistas" (O'Connor, 1977:55).

Se nas décadas de 40 e 50 os acordos entre sindicatos e corporações em torno da produtividade garantiram certa estabilidade ao capitalismo americano, a partir de meados da década de 60 os salários reais começam a não acompanhar o ritmo anterior, sendo, conseqüentemente, corroídos pela inflação e pela tributação. Há, então, a deterioração das relações entre capital e trabalho e a retomada de greves defensivas para manter o equilíbrio entre salários e produtividade. Os monopólios, em contrapartida, elevam os preços "para defender as margens de lucro". Configura-se, então, a espiral da crise, com o desencadeamento do processo inflacionário, da crise fiscal e da crise social. Os salários do setor público tendem a aumentar, ampliando os gastos públicos e a tributação. As estratégias de defesa do capital monopolista, tanto poupando mão-de-obra (empurrada para o setor competitivo) quanto elevando os preços, concorrem para o aprofundamento da crise.

A estabilidade do "capitalismo estatal" no pós-guerra era mantida com base em três condições, todas inflacionárias: expansão econômica no estrangeiro; relações de produção harmoniosas no setor monopolista; socialização dos custos do setor monopolista aliada à apropriação privada de lucros e não-socialização dos pagamentos salariais. A *inflação administrada* contava, ainda, com o apoio das instituições financeiras, que lucravam com as altas taxas de juros. Além disso, o dólar era protegido internacionalmente como "meio de reserva universal". No entanto, a partir dos anos 70, a redução da inflação e uma crise fiscal *amena* tornaram-se a condição *sine qua non* da estabilidade. Isto porque, conforme O'Connor, o Estado e o capital monopolista passam a vivenciar um dilema crítico nos EUA, posto também por algumas variáveis: os aumentos de salários; a redução da demanda estrangeira de produtos norte-americanos (piora da balança comercial); e a alta da taxa de juros impulsionada pela inflação. Diante desse quadro, no qual o monopólio vislumbra uma inadmissível redução da margem de lucros — que a meu ver remete à tendência de queda da taxa de lucros e à luta contra ela mantendo os preços ou majorando-os —, o Estado, teoricamente, possui três alternativas não excludentes que têm sido empregadas em vários países, com diferenciações: a recessão gerenciada, por meio da deflação da economia; o fortalecimento do controle de preços e salários; e o aumento da produtividade nos setores privado (monopolista) e estatal, visando à redução de custos. O'Connor analisa detidamente essas alternativas. Quanto à recessão gerenciada, trata-se de uma primeira alternativa na qual se prevê a aplicação da política fiscal e monetária com vistas à redução da demanda agregada e ao aumento do desemprego. O objetivo é reduzir o poder de barganha do trabalho, visando à queda dos salários e das taxas de juros. Dessa forma, indiretamente, a inflação poderia cair, não fossem os efeitos perversos, tais como: a queda das vendas, com aumento da capacidade produtiva ociosa; o crescimento do desemprego e do subemprego, do que decorre um número crescente de dependentes do orçamento público; e a diminuição da base tributária em face de um aumento da demanda sobre o Estado. Logo, esta não é, para O'Connor, uma política realista e viável.

Sobre o controle de preços e salários, ele oferece algumas vantagens para o capital monopolista, como a remissão do conflito entre capital e trabalho à espera do Estado, ou mesmo a redução do risco de uma espiral descendente de emprego, renda, produção e lucros. Para o Estado, os controles aliviam a inflação salarial no setor, o que contém a crise fiscal. Porém, com essa política, os trabalhadores vêem seu poder de barganha diminuir consideravelmente, sobretudo nos períodos de estagnação. Dadas a complexidade e a heterogeneidade da economia, os controles de preços e salários apresentam grandes dificuldades de implementação, e, ainda, "o feitiço pode se voltar contra o feiticeiro", promovendo uma unificação dos trabalhadores dos três setores numa luta contra o Estado, como ocorreu na França de 1968.

Portanto, segundo O'Connor, a única opção a longo prazo, nesse contexto, é o incremento da produtividade do trabalho no setor monopolista, o que contém preços e salários e aumenta a margem de lucros; e, também, no setor estatal, para aliviar a crise fiscal. O encorajamento da produtividade no âmbito do Estado ajuda indiretamente o setor monopolista, quanto à sua produtividade. Entretanto, embora o esforço de governos municipais, estaduais e federal tenha alcançado alguns resultados nos EUA, eles ainda são insuficientes. As análises de custo/benefício têm sido largamente utilizadas na busca da "eficiência" do serviço público. Para O'Connor, este conceito de eficiência é polêmico e ambíguo, o que leva a diferentes interpretações acerca da própria produtividade do Estado.

Se o aumento da produtividade é lento no setor estatal, dá-se, por outro lado, a ampla utilização do orçamento público (gastos de capital social) para aumentar a produtividade do setor privado, especialmente dos monopólios. Configura-se, dessa forma, uma verdadeira simbiose entre setores estatal e privado (da qual fazem parte as políticas sociais), engendrando um complexo sócio-industrial. Os exemplos dos quais o autor se vale aproximam sua reflexão da categoria mandeliana da supercapitalização, como se verá adiante: a penetração da iniciativa privada na educação, na saúde, em programas de habitação, urbanização e ecologia, por exemplo, por intermédio de contratos com o Estado. No entanto, em comparação com Mandel, percebemos uma diferença marcante: O'Connor parece confiar, ainda que atentando para alguns limites e passos necessários ao aprofundamento desse complexo sócio-industrial, em que esta é uma via de saída para a crise do capitalismo neste fim de século.

Para ele, a crise fiscal pode ser aliviada direta e imediatamente por meio do complexo sócio-industrial, que diminuiria o setor competitivo, absorveria a mão-de-obra, privatizaria determinados setores, diminuindo a pressão sobre o Estado e garantindo uma base tributária estável. A possibilidade de implementação dessa proposta é, nessa concepção, uma questão política e depende de algumas alterações, como: mudanças formais na relação Estado/capital monopolista, para desobstruir setores tradicionalmente "públicos"; enfraquecimento do capital competitivo junto aos governos locais, estaduais e ao Congresso, visando novas prioridades político-econômicas; redistribuição dos ganhos do progresso técnico entre os trabalhadores, o que implica mudanças, nem sempre bem-vindas, na relação com os trabalhadores. Antes de prosseguir sua análise prospectiva acerca do *complexo sócio-industrial*, O'Connor se debruça sobre a dinâmica inerente à questão orçamentária.

No exame do controle orçamentário nos EUA, ele indica que o setor monopolista gera necessidades que o Estado deve satisfazer, mas que são extramercado. Assim,

> "O capital organiza a produção para o mercado e emprega a força de trabalho só quando há razoável expectativa de lucro. A administração estatal organiza a produção em função de uma série de decisões políticas" (O'Connor, 1977:73).

Essas decisões políticas acontecem no âmago de um esquema de relacionamentos sociais que se constroem em torno dos conflitos econômicos, sociais e políticos. O'Connor identifica dois sistemas de relações: entre e no interior das classes econômicas; e entre estas e o poder estatal. Ele aborda, também, a existência de uma relação indireta entre poder econômico e prioridades orçamentárias do Estado, *mediada* pelo esquema político federal. Portanto, as corporações são compelidas a atuar no interior desse complexo esquema de poder, que envolve inúmeros centros de decisão com certo nível de autonomia.

A influência mais poderosa nas decisões estatais advém das corporações monopolistas contratantes, organizadas em grupos de interesse (*lobbies*). Estes se apropriam de órgãos reguladores em vários níveis de governo, barganhando vantagens. Para que os interesses mais particularistas não se sobreponham às perspectivas globais da classe, que se expressam em estratégias de planejamento macroeconômico, busca-se uma *diretiva política com consciência de classe* nessa atuação, principalmente a partir do *New Deal*. A concepção de Estado em James O'Connor é, nesse aspecto, semelhante ao *capitalista total ideal* de Mandel.[3] Observemos como ele percebe a formulação das políticas estatais nos EUA:

> "Já que os conflitos no seio da classe dominante empresarial devem ser reconciliados ou acertados por acordos, e devido à complexa e ampla natureza dos interesses de tal classe, a política é orientada não por um simples diretório, mas por uma multidão de órgãos privados, quase privados e públicos" (O'Connor, 1977:78).

Os interesses do capital monopolista, como força social hegemônica, são interpretados e traduzidos em ação dentro

3. Ver Capítulo 5.

dessa administração do Estado, que não é um *instrumento*, mas uma *estrutura*. Já aqui, O'Connor se aproxima bastante da concepção de Estado presente no CME.[4]

A outra variável que define estratégias e prioridades do orçamento estatal é a regulamentação das relações interclasses. Esta corresponde às funções de legitimação do sistema, as quais consistem na manutenção dos acordos entre capital e trabalho no setor monopolista, em programas de controle da população excedente, na regulação das relações entre pequenos e grandes capitais etc. Enfim, articulam-se duas funções da administração estatal: a *acumulação* e a *legitimação*.

Os princípios orçamentários do liberalismo clássico são marcados pela separação entre privado e público e pela intervenção estatal mínima (gastos contidos, tributação direta, restrição de financiamentos e empréstimos públicos, restrição da criação de dinheiro e equilíbrio orçamentário entre despesa e receita). No entanto, O'Connor quer examinar os controles orçamentários no "capitalismo de Estado". É importante ressaltar uma contradição presente no conjunto da reflexão do autor nesse momento. Embora o conceito de excedente recolhido de Baran e Sweezy constitua uma referência significativa no raciocínio de O'Connor, há uma insistência em caracterizar o capitalismo americano como "estatal". Baran e Sweezy argumentam claramente em contraposição a esta concepção, cujos limites e filiação foram analisados no Capítulo 1.

Segundo O'Connor, este "capitalismo de Estado" é composto por novos princípios: a tributação indireta, a derrogação do princípio do orçamento equilibrado, a admissão de um padrão inconversível de papel-moeda, e a nova função para o empréstimo financeiro. Há a firme expansão das despesas estatais no "capitalismo estatal", princípio integrador da era moderna, nesta concepção.

Destaca-se uma diferenciação essencial entre os poderes Executivo e Legislativo nesse novo contexto, onde o primeiro

---

4. Ver Capítulo 1.

tende a representar o capital nacional em seu conjunto, e o segundo expressa interesses regionais e locais. Para O'Connor, cuja posição coincide com a de Mandel, há uma concentração de poder econômico-político no Executivo, de forma que o controle das verbas pelo Legislativo é cada vez mais difícil.

Os políticos e administradores que possuem consciência de classe e compõem o Executivo buscam, em geral, transformar o orçamento num instrumento de planificação econômica centralizada nacionalmente (orçamentos — programa). As questões políticas que perpassam a elaboração das propostas orçamentárias são diluídas pelo filtro burocrático e transformadas em questões técnicas. Essa tendência, que O'Connor identifica no capitalismo norte-americano e Mandel generaliza na sua concepção do capitalismo tardio, leva a um esvaziamento do Parlamento, à separação formal entre economia e política, e, finalmente, à decadência das instituições democráticas.

Quanto aos orçamentos locais e estaduais, mesmo existindo grande heterogeneidade, O'Connor arrisca algumas caracterizações gerais. Para ele ocorre, nesse âmbito, uma predominância dos interesses particulares, para impulsionar uma influência nacional, mas também, numa perspectiva mais limitada, garantindo interesses do setor competitivo. Há uma tensão bastante acentuada entre interesses nacionais (centralização do capital nas corporações monopolistas) e locais, o que gera nos EUA uma verdadeira crise do federalismo.[5]

Para fundamentar e caracterizar a crise fiscal do Estado, O'Connor prossegue a sua análise chamando a atenção para o aumento significativo das despesas estatais nos últimos cinqüenta anos nos principais países do chamado capitalismo central (em relação ao PNB). Nesse contexto, o militarismo e o previdencialismo absorvem a maior parte das despesas federais. Enquanto isso, os orçamentos e despesas estaduais e locais

---

5. Este momento da reflexão de O'Connor é rico de indicações para estudos acerca do poder local, o que constitui hoje um debate importante no Brasil, após a Constituição de 1988, com a municipalização de políticas nacionais (O'Connor, 1977:92-102).

voltam-se prioritariamente para o capital social, ou seja, para a produtividade.

Segundo O'Connor, o *capital social* aparece sob duas formas: capital físico (infra-estrutura) e capital humano (ensino, serviços, pesquisa etc.). Os custos de capital físico vêm sendo socializados porque, ao serem assumidos pelo setor privado, podem constituir riscos inaceitáveis do ponto de vista da maximização dos lucros. O capital físico é ainda classificado pelo autor como investimentos complementares ou discricionários. Os primeiros são praticamente uma forma especial de investimento privado, já que este setor não sobrevive sem eles. Já os investimentos discricionários visam impulsionar tal ou qual ramo de atividade, em geral nos momentos de crise. Nas duas formas, os investimentos em capital físico têm crescido em volume. O'Connor destaca o investimento em transportes, haja vista a importância do automóvel nos EUA e o caráter misto desse tipo de investimento.

O progresso técnico acelerado da era dos monopólios impõe o investimento crescente na formação de mão-de-obra e pesquisa/desenvolvimento. O investimento em capital humano é decisivo para o processo de acumulação, desde que seus custos sejam socializados por meio do Estado, em função do risco e da incerteza que cercam essas atividades. O item "educação" tem um forte impacto nos orçamentos, e a preocupação tem sido baixar seus custos (em função da crise fiscal) e direcionar a formação profissional para o mercado.

O'Connor classifica os gastos de consumo social (com financiamento direto do Estado) em dois subgrupos: bens e serviços consumidos coletivamente pelos trabalhadores e seguro social contra a incerteza econômica. A primeira rubrica comporta projetos de desenvolvimento suburbano, renovação urbana e instalações para cuidados com crianças, saúde etc. A segunda abrange compensações aos trabalhadores diante dos riscos do processo de produção e reprodução capitalista.

Ao analisar os gastos em consumo social, o autor remete a duas questões correlatas: as determinantes do volume total do consumo social e a distribuição dos gastos pela classe trabalhadora. A moderna área metropolitana reflete as relações entre as classes sociais fundamentais e também suas diferenciações internas. Assim, os serviços sociais adquirem um caráter classista, e sua qualidade, principalmente, estará vinculada à amplitude da base tributária das áreas demandantes. Nesse contexto, acirram-se as pressões pela reforma urbana e o planejamento regional.

O segundo grande grupo de atividades que se aglutinam em torno do consumo social é a previdência social. O sistema de seguro social expandiu-se rapidamente nos EUA principalmente a partir das décadas de 30 e 40. Mesmo que, a princípio, o sistema pudesse ser classificado como despesa social e não como consumo social, O'Connor inclui a previdência nesse último item:

> "Embora a previdência social contribua para a estabilidade social e política, ao sustentar os trabalhadores aposentados e desempregados, o propósito primeiro do sistema é a criação de um senso de segurança social dentro das fileiras dos trabalhadores em atividade (especialmente os do setor monopolista) e assim elevar a moral e sustentar a disciplina. Isto contribui para a harmonia do relacionamento trabalho/administração, que é indispensável à acumulação capitalista e ao crescimento da produção. Portanto, o intuito fundamental da previdência social, e seu efeito último, é a expansão da produtividade, da produção e dos lucros. Vista deste ângulo, a previdência social não é, primariamente, uma previdência para os trabalhadores, mas um tipo de seguro para os empresários e as empresas" (1977:144).

Trata-se, dessa forma, de incrementar a produtividade e socializar os custos da insegurança social que caracteriza o capitalismo. Essa grande invenção ainda traz a vantagem de fortalecer os acordos no interior do setor monopolista, à medida que o sistema tende a redistribuir rendas do setor competitivo para aquele, e não o inverso, em função da taxa tributária invariável sobre as rendas superiores a um salário mínimo. Assim, a previdência social constitui um momento decisivo do acordo sobre produtividade no setor monopolista. Na sua ausência, como implantar mudanças tecnológicas poupadoras de mão-de-obra sem se deparar com resistências dos trabalhadores? Entretanto, são exatamente as condições de produção da ordem monopólica que exacerbam as pressões para a ampliação do sistema previdenciário, visando à manutenção do padrão de vida desses trabalhadores e não ao consumo da classe trabalhadora como um todo. O outro elemento que estimula o crescimento da previdência são as funções de legitimação, ou seja, a necessidade de conquistar a lealdade das massas.

A especificidade das relações de produção monopolistas, que geram um "capital excedente" e uma "população excedente", impulsiona, por um lado, a expansão econômica no exterior, e, por outro, o crescimento das despesas previdenciárias (*Welfare-Warfare State*). Estes movimentos são complementares, o que significa que as despesas crescem juntas. Para O'Connor, a expansão das despesas sociais de produção têm uma dupla natureza:

> "[...] a função do sistema previdenciário não se esgota com o controle político da população excedente; compreende ainda a ampliação da demanda e do mercado doméstico; e o sistema militar não só conserva à distância os rivais estrangeiros e inibe o desenvolvimento da revolução mundial [...], mas ainda ajuda a combater a estagnação econômica interna" (1977:144).

O'Connor sublinha mais uma vez a aliança entre lideranças das grandes empresas e dirigentes conservadores do sindicalismo norte-americano como um sustentáculo decisivo para o desenvolvimento de um complexo industrial-militar. A garantia da hegemonia do capitalismo dos EUA no mundo, nos níveis econômico, político, cultural e militar, forçou uma contínua elevação do orçamento bélico. Por outro lado, os produtores militares privados são contratantes do Estado e têm um filão de 50% do orçamento do Pentágono. Aqui, há uma notável simbiose entre público e privado, com enormes custos excedentes e desperdícios. O outro elemento que engendra e mantém o militarismo é o interesse monopolista no desenvolvimento de novas tecnologias, ou seja, o setor militar serve como instrumento de modernização da produção civil, sem que esta última corra riscos vultosos com investimentos em pesquisa. Têm-se, então, três bons motivos para afirmar a tendência de crescimento do orçamento militar.

As contradições internas do capitalismo provocam um conjunto de desequilíbrios econômicos e sociais (tensões locais e regionais, desequilíbrios entre ramos de atividades e setores da economia; desigualdades na distribuição de renda e riqueza etc.), desde os primórdios desse modo de produção. No entanto, a ordem monopolista tende a aprofundá-los, principalmente, por meio, segundo O'Connor, da fixação monopolista dos preços. Diferente da atitude natural-fatalista do liberalismo clássico diante das oscilações do "ritmo da perturbação social", o empresariado desenvolve "técnicas de produção e de controle de mercados tanto políticas como econômicas". Trata-se de um processo complexo que redistribui rendas no interior da classe trabalhadora, com vistas à harmonia social, à produtividade e à acumulação no setor monopolista. Este complexo processo inclui o conflito de classes e interclasses. A população excedente exige a extensão dos serviços sociais e benefícios, mas luta solitariamente, dado o desinteresse do setor monopolista pelos seus padrões de consumo. Este isolamento, articulado às crises de legitimação do Estado e dos padrões de vida dos trabalhadores, vem desencadeando um movimento radicalizado e militante nos EUA em torno de um novo sentido de "direitos do povo", que comporta o aumento das subvenções públicas e gastos previdenciários.

Com isso, o sistema previdenciário e os subsídios para saúde, educação e assistência pública foram expandidos significativamente, no nível federal. Em níveis local e estadual, a ampliação dos programas enfrenta resistências de um conjunto de setores: os governos, em razão da crise fiscal; os contribuintes da previdência das camadas médias, os monopólios e os empresários do setor competitivo. Essas resistências se manifestam politicamente, mas também na forma de fraudes e negócios "amorais".

Segundo O'Connor, apenas na década de 60 a burocracia federal começa a admitir que o PNB, o pleno emprego, a pobreza e a fila de beneficiários da previdência crescem de forma conjunta, tanto que:

> "Veio a admissão implícita de que a pobreza é uma característica integrante do sistema capitalista e de que as despesas previdenciárias e a sustentação de rendas deverão ser encaradas não como expedientes temporários, requeridos nos momentos de recessão e depressão, porém como características permanentes da economia política" (O'Connor, 1977:171).

Portanto, ainda que mantendo um conteúdo moralizante acerca do "comportamento" dos pobres, serão incrementados vários programas e propostas visando ao controle da pobreza, dos pontos de vista político e econômico. Como esta é elemento constituinte da dinâmica monopolista, O'Connor atribui a esse fato uma tendência de crescimento dos gastos previdenciários e assistenciais.

Outras ordens de despesas que se somam às demais na configuração da crise fiscal são os empréstimos internacionais — na verdade, subsídios políticos —, voltados para a garantia da ordem capitalista mundial, contendo os impulsos revolucionários alimentados pela crescente e trágica pauperização das populações dos países subdesenvolvidos. E, ainda, os gastos para reparar ou prevenir danos ao meio ambiente, um lugar-comum na ordem monopolista.

Como financiar as crescentes demandas postas para o Estado? Para O'Connor, existem três maneiras de fazê-lo: criando empresas estatais produtoras de "excedentes" que cubram as despesas; emitindo títulos de dívida e tomando empréstimos com base em futuras receitas fiscais; e, por fim, elevando impostos e criando outros. As duas primeiras formas não lograram como resultado a liberação fiscal do Estado.

Quanto às empresas estatais, o autor sugere alguns limites para que cumpram com a função de aliviar a crise fiscal. Ao capital monopolista não interessa a interferência estatal em setores mais lucrativos, o que direciona a empresa estatal para setores complementares, que geram, na maior parte das vezes, apenas o excedente suficiente para cobrir seus custos. Apenas nos momentos de crise o Estado é admitido enquanto "credor ou acionista camarada". Portanto, as tendências que se vislumbram são de que a empresa estatal crie mais despesas ou seja um suporte para *administrar* a crise fiscal, mas não para superá-la.

Mesmo que os gastos em capital social e as despesas correntes de cunho social constituam verdadeiros subsídios à expansão das atividades privadas, à acumulação de capital e, ainda, ao aumento da demanda agregada, não são suficientes para estender a capacidade do Estado de pagar diretamente suas dívidas. Segundo O'Connor, esta garantia está no poder tributário (aumento da capacidade tributária com o crescimento do PNB). A dívida pública se articulou, historicamente, a uma aristocracia financeira, que controlava o Estado e ainda exerce a sua influência. No entanto, dada a expansão do crédito (com estímulo dos governos), a dívida privada é, hoje, muito maior que a pública. Nesse contexto, a dívida pública "emerge como resultado de déficits orçamentários planejados, projetados para expandir a atividade econômica global" (O'Connor, 1977:195). Entretanto, esse "planejamento" é nitidamente inflacionário, dada a recorrência à emissão de moeda.

Para o autor, o financiamento do orçamento por meio da tributação é um problema que merece uma análise de classe. Os sistemas tributários são expressão e resultado dos sistemas de classe. A tributação, como uma forma de exploração, é dissimulada pelas classes dominantes, por meio de *slogans* (justiça, igualdade, progresso), ou ocultando inúmeros tributos nos preços das mercadorias. As justificativas para a exploração tributária fundamentam-se em três conceitos: o incentivo (ao progresso), a capacidade de pagar e o tratamento igual para iguais. O primeiro difunde a perspectiva de não taxar demasiadamente os lucros para não diminuir o crescimento da produção e do emprego. Na verdade, é a política de evitar a sabotagem capitalista, protegendo suas margens de lucro e suas rendas pessoais. O segundo conceito refere-se a que cada um deve pagar imposto correspondente à renda. Evidentemente, este princípio discrimina os trabalhadores, se relacionado aos incentivos da primeira proposição. O último elemento, marcadamente ideológico, é o de que todos terão igual acesso aos benefícios da tributação. Toda a argumentação anterior de O'Connor aponta claramente a direção prioritária das despesas estatais: capital social e despesas sociais de produção, o que evidencia o conteúdo demagógico, além de ideológico, desse "princípio". A idéia de "igualdade" é falaciosa, por tratar igualmente o que é diferente, e mais, antagônico, o que termina por reforçar a desigualdade.

Comentando a tributação da classe capitalista, O'Connor sinaliza que, sob a aparência de crescentes tributações (doações, heranças, propriedades etc.), o que ocorre é a transferência destas para inquilinos e consumidores.

Enquanto o capital dispõe de inúmeros "refúgios" em face do sistema tributário, os trabalhadores são atingidos pelo sistema de maneira inclusive regressiva, como é o caso da previdência (taxa única para rendas diferentes). O imposto de renda veio se tornando cada vez mais pesado, até adquirir sua forma mais sutil: a retenção na fonte. Assim, o Estado sustenta os interesses gerais do capital por intermédio de *poupanças forçadas* e da tributação dos trabalhadores (que são, também, consumidores). A contradição que emerge daí vem do fato de que os trabalhadores, em função de sua específica inserção no sistema, passam a exigir mais benefícios. Surge, então, um "círculo vicioso" em torno do binômio mais benefícios/mais exploração tributária.

Por fim, uma contradição adicional da questão tributária se estabelece na relação entre o governo federal, que fica com a "parte do leão" da receita, e os governos estaduais e locais, que vêm se sobrecarregando de encargos, o que força o aumento dos impostos nesse âmbito, ou mesmo a pressão pela doação de recursos federais, o que põe água no moinho da crise fiscal.

Com esse conjunto de indicações, O'Connor demonstrou sua tese central, a da existência de um *hiato estrutural entre despesas e receitas estatais*. Para o autor, a saída da crise é o socialismo. Porém, há uma possibilidade para o Estado e para o capitalismo: amenizar a crise fiscal por meio da aceleração do crescimento do que ele chama *complexo sócio-industrial*. Este seria baseado na evolução lenta de alianças entre os segmentos da classe trabalhadora; na inversão de investimentos, priorizando programas sócio-econômicos subsidiados pelo capital monopolista; e na criação de uma nova camada de trabalhadores indiretamente produtivos (tecnocratas, administradores e paraprofissionais). Dessa forma, aumentaria a produtividade de toda a economia, tornando a despesa governamental mais eficiente, sem falar da ampliação da base tributária. Tem-se, então, uma saída com base no binômio Estado/capital monopolista.

Todavia, essa alternativa enfrenta grandes resistências em interesses significativos da sociedade americana (do setor competitivo, do trabalho sindicalizado, do complexo industrial-militar). Numa análise que considerasse a dinâmica estrutural do capitalismo contemporâneo, em sua totalidade certamente O'Connor vislumbraria as alternativas do socialismo ou da barbárie, o que não ocorre pelos limites internos à reflexão do autor, baseada no conceito de excedente.

Por fim, O'Connor prevê para a sociedade norte-americana certa radicalização dos movimentos sociais em torno da questão tributária. É a revolta tributária que envolve os contribuintes do Estado e os servidores públicos (que podem se identificar com os primeiros). Nessa última categoria, no contexto dos EUA, O'Connor identifica um forte potencial revolucionário, em função da sua qualificação, que os torna menos economicistas e lhe oferece possibilidades de superar o corporativismo. Sua inserção específica permite uma consciência maior acerca das despesas estatais. Outro setor importante é a população excedente de maioria negra e feminina. Percebo um certo otimismo na análise do papel dos servidores públicos e das possibilidades de aliança destes com a "população excedente". Pode-se atribuir esta caracterização à busca de alternativas no contexto específico dos Estados Unidos, que oferece grandes obstáculos à luta política, especialmente a postura do sindicalismo nos setores de ponta.

O'Connor desenvolve considerações acerca das possibilidades de reforma e revolução no capitalismo norte-americano, sobre as quais teria vários comentários críticos a fazer. No entanto, o que é mais importante na contribuição do referido autor aparece sintetizado na seguinte nota conclusiva, extraída de um artigo de Paul Sweezy:

> "O endurecimento das contradições entre o capital excedente e a população excedente tem sido evitado e adiado pelo poder fiscal do Estado: despesas de defesa e espaciais, por um lado, proporcionam escapes absorvedores de capital excedente e mantêm a demanda efetiva. Despesas previdenciárias, por outro lado, servem para sufocar os queixumes da população excedente... Quando o papel do poder fiscal central de evitar contradições for dominado, parece-me que a questão de como destruir o capitalismo poderá, em princípio, ter uma resposta clara. O sistema capitalista cairá quando o poder fiscal do Estado cansar" (O'Connor, 1977:257).

CAPÍTULO 4

A ESCOLA DA REGULAÇÃO: mediações entre a reprodução e a crise do capitalismo

A Escola da Regulação Francesa constitui hoje um amplo programa de pesquisa, cujas bases conceituais foram lançadas com o livro de Michel Aglietta, do grupo de Paris, intitulado *Regulation et Crises du Capitalisme-L'Experience des États-Unis* (1976).[1]

Os trabalhos de Gérard Destanne de Bernis, de Grenoble,[2] também vão abordar o tema da regulação, porém sem a mesma repercussão do programa parisiense. Estudiosos do desenvolvimento desta corrente do pensamento econômico apontam que uma influência da visão sistêmica (Bruno, 1997), combinada com a proximidade do conceito de capitalismo monopolista de Estado (CME), configuram certa fraqueza das proposições

---

1. Utilizei a quinta edição da tradução espanhola, intitulada *Regulación y crisis del capitalismo* (1991).

2. Indicações valiosas acerca das origens e desenvolvimentos teórico-metodológicos da Escola da Regulação podem ser encontradas em três textos que foram centrais para minha introdução à temática regulacionista. São eles Robert Boyer (1990); João Sabóia (1988); e Miguel Antônio Pinho Bruno (1997).

grenoblenses. Como no CME, aqui há a tendência de centrar a análise no papel do Estado, subsumindo as demais *formas estruturais ou institucionais* e empobrecendo o conceito de regulação, que não pode ser confundido com regulamentação (Sabóia, 1988 e Bruno, 1997). Outra crítica dirigida ao grupo de Grenoble diz respeito à preocupação destes com a queda tendencial da taxa de lucros, que para os parisienses caracteriza-se, especialmente nos trabalhos mais recentes, como uma "lei geral invariante", a ser descartada do quadro de análise.

Portanto, irei me deter na reflexão de Paris, que conta atualmente com uma produção extensa de títulos e artigos, de intelectuais conhecidos como o próprio Aglietta, Robert Boyer, Alain Lipietz e Benjamin Coriat, haja vista a difusão maior destes aportes nos âmbitos da economia e das ciências sociais. Deve-se salientar que os regulacionistas reivindicam o caráter interdisciplinar de seu *projeto teórico-metodológico*. O trabalho de Miguel Bruno (1997) é extremamente rigoroso no sentido de demonstrar que a Escola da Regulação integra um projeto/programa de pesquisas alternativo àqueles disponíveis no início dos anos 70. O *projeto* regulacionista inicia com o estudo das tendências de crise do capitalismo a partir de fins dos anos 60, questionando tanto as abordagens neoclássicas quanto o "marxismo ortodoxo". De maneira mais precisa, os regulacionistas demarcam polêmicas em relação ao individualismo metodológico das *escolhas racionais*, recusando peremptoriamente o conceito de equilíbrio geral. O outro campo de diferenciação é com a tradição marxista, em que pese ser esta uma fonte inspiradora, como se explicitará no texto de Aglietta. Trata-se das tendências de uma suposta ênfase nas invariâncias pela tradição marxista, que minimizaria as transformações e rupturas, bem como abordagens com menor nível de generalização, em nome de leis gerais. Outra crítica contundente dos regulacionistas nesse território é a de que as leis gerais levariam a certo finalismo histórico, tornando secundária a ação dos sujeitos/agentes. Segundo Boyer,

> "Por insistir nas invariantes estruturais do modo de produção capitalista, esquecem de analisar as mutações que o caracterizam

e subestimam o papel das contradições, vendo a história como quase imóvel quando, na realidade, ela é espiral, inovação e, portanto, reprodução em função das modalidades que se transformam de período em período" (1990:36)

Se se parte da tematização da dinâmica do capitalismo contemporâneo, com Mandel e Harvey por exemplo, como veremos adiante, este distanciamento teórico e metodológico dos regulacionistas em relação ao que eles qualificam como marxismo ortodoxo[3] me parece um tanto datado e dirigido ao empobrecimento do marxismo promovido pelo estruturalismo francês e pelo marxismo-leninismo soviético — interlocutores privilegiados pela Escola na análise da tradição marxista, possivelmente em função do ambiente intelectual francês. Nessa direção, o conteúdo da polêmica regulacionista no campo do marxismo é, em parte, procedente. Talvez este movimento tenha sido necessário para chegar àquele que constitui o ponto forte, ou melhor, a contribuição original da Escola da Regulação: a busca da reconstrução no nível do pensamento de *conceitos intermediários*, a busca de *mediações*, o que passa pelos conceitos de *modo de regulação* e de *regime de acumulação*.

Quanto à crítica regulacionista da noção neoclássica de equilíbrio, ela é extremamente conseqüente, apreendendo a natureza contraditória, conflituada e desequilibrada do mundo do capital,[4] a partir de argumentos recolhidos da tradição marxista, da problemática keynesiana da demanda efetiva e de trabalhos historiográficos como o de Fernand Braudel, de onde extraem a preocupação com os ciclos de longa duração (Sabóia, 1988). Fontes tão diversas — e incompatíveis dos pontos de vista teórico e metodológico — abrem o flanco para certo ecletismo na abordagem dos fenômenos sócio-econômicos. Con-

---

3. Esta é uma visão diametralmente oposta à de Lukács, para quem "o marxismo ortodoxo não significa, pois, uma adesão sem crítica aos resultados da pesquisa de Marx, não significa uma 'fé' numa ou noutra tese, nem a exegese de um livro 'sagrado'. A ortodoxia em matéria de marxismo refere-se, pelo contrário, e exclusivamente ao *método*". Ver Lukács (1989:15).

4. Portanto, são a meu ver injustas as críticas que vêem no conceito de *regulação* uma retomada do conceito de *equilíbrio*.

tudo, esse não configura um problema central para uma corrente que pretende a construção de um novo paradigma heterodoxo, no contexto da crise teórica que acompanha a crise da economia real dos anos 70, tal como Keynes na década de 30 (Bruno, 1997).

Após essa breve apresentação, já se pode adentrar no texto fundador da Escola da Regulação Francesa, de Michel Aglietta, buscando seus argumentos principais para, sobretudo, explicar por que uma análise do capitalismo contemporâneo, e especialmente da política social, não pode prescindir de tais aportes e recursos heurísticos.

Aglietta inicia seu trabalho com uma dura crítica à teoria econômica dominante, que padece de uma dupla incapacidade: a de explicar a história dos fatos econômicos e a de expressar o conteúdo social das relações econômicas. A teoria do equilíbrio geral é a maior expressão desse limite, terminando por propor um panorama tranqüilizador e uma justificação da profissão de economista: "A 'reforma sem risco' tem a garantia da 'ciência normativa'"(1991:2).

Para Aglietta, a revolução keynesiana, mesmo rompendo com a noção de equilíbrio geral, atentando para a natureza desequilibrada do capitalismo, também encontra limites em função de seu horizonte de curto prazo, o que favoreceu apreensões simplificadoras e caricaturais deste legado. Sua análise do keynesianismo é limitada, já que as explicações de Keynes para as tendências de desequilíbrio também mereceriam observações críticas.

Nota-se uma profunda preocupação com a historicidade, com a superação de uma concepção de tempo que converte a dinâmica em um avatar da estática. Assim, "O estudo de um movimento é o das mudanças de estado" (1991:3).

Porém, a insatisfação de Aglietta se volta também para o conceito de reprodução, cuja função estaria em demonstrar como o que existe continua existindo. Ele está preocupado em desvendar como surge o novo, a ruptura, a mudança qualitativa, ou seja, como se dá a passagem de um conjunto de regularidades macroeconômicas para outro, na dinâmica crescimento/crise.

A teoria da regulação, segundo Aglietta, coloca-se como uma alternativa ao paradigma do equilíbrio geral, para o qual

> "O objetivo da teoria é expressar a essência despojando-a de qualquer tipo de contingência; as instituições, as interações sociais, os conflitos etc., são escórias que devem ser eliminadas para poder desvendar o comportamento econômico em estado puro" (1991:6).

A recusa dos procedimentos simplificadores próprios do idealismo passa pela adoção dos fundamentos metodológicos marxianos, e, ainda, pela negativa de qualquer essência imutável dos fenômenos sócio-econômicos. O encadeamento dos conceitos converte-se em uma representação do movimento histórico real, diga-se, numa ontologia. Nessa perspectiva, o estudo da regulação do capitalismo não é a busca de leis econômicas abstratas, mas o estudo das transformações sociais que originam novas formas sociais no interior do modo de produção. Dentro disso, as perguntas que estarão na base da pesquisa regulacionista são formuladas por Aglietta da seguinte maneira:

> "Quais são as forças que transformam o sistema social e asseguram sua coesão no longo prazo? Podem evoluir as condições e modalidades desta coesão? Sob que condições e segundo quais processos são produzidas mudanças qualitativas nas relações de produção? É possível identificar as etapas de desenvolvimento do capitalismo? Este método de análise serve para interpretar as crises estruturais com que este modo de produção se defronta? A crise atual é um prolongamento das transformações históricas próprias do capitalismo? Permite levantar hipóteses sobre o futuro da luta de classes?" (1991:8-9).

O autor se propõe a encontrar respostas, analisando a dinâmica do capitalismo norte-americano a partir dos conceitos fundamentais do marxismo. Dentro disso, há uma centralidade da *relação salarial* como força motriz do processo de acumulação de capital, ao lado das relações de *concorrência* entre os capitais. Daí desdobra-se a intervenção estatal como uma *forma estrutural* decisiva. A idéia de *forma estrutural* é central neste raciocínio, já que estas são as mediações já referidas. A intervenção estatal é *uma* delas, o que já distingue essa visão do CME. Já a idéia de crise significa rupturas no processo de reprodução, que levam a um intenso período de criação social, com transformações irreversíveis do modo de produção, seja no sentido de sua continuidade sob novas formas, seja no sentido de sua superação.[5]

Para desenvolver sua análise do capitalismo norte-americano — e este é um movimento semelhante ao de Baran, Sweezy e O'Connor, inspirados no estudo do capitalismo inglês desenvolvido por Marx —, Aglietta faz uma visita às descobertas e conceitos básicos marxianos, caracterizando-os como a essência invariante do capitalismo. O movimento do autor é descortinar o novo a partir da lei do valor, o que aparentemente contraria a afirmação anterior de que a Escola da Regulação é, em geral, refratária a esta formulação. Porém, os estudos sobre a trajetória da Escola mostram um progressivo afastamento da análise da dinâmica do capitalismo contemporâneo pelos parâmetros da lei do valor, posterior a este texto.

Aglietta prossegue resgatando com rigor os conceitos básicos em Marx. Nesse passo, caracteriza a lei do valor como:

> "[...] a representação formal do processo de homogeneização dos objetos econômicos; se manifesta na circulação geral de mercadorias, que é o espaço social homogêneo do trabalho abstrato" (1991:24).

As mercadorias adquirem seu valor de troca em dinheiro, que é a expressão monetária da hora de trabalho. O sistema monetário sintetiza as condições de formalização do equivalente geral. A renda global se define por meio da metamorfose do trabalho abstrato em dinheiro, o que distancia temporalmente o momento da produção e da circulação, onde se realiza aquela metamorfose.

Aglietta, então, introduz o que ele caracteriza como a relação fundamental que define o modo de produção capitalista:

---

5. Aqui se nota uma inspiração schumpeteriana, cuja noção de destruição criadora está no centro de sua explicação dos processos históricos de mudança. Cf. Schumpeter, 1984.

a *relação salarial.* Aqui, a força de trabalho é convertida em uma mercadoria especial, e o trabalho social se converte em trabalho assalariado. Assim, "O capital é a relação social de apropriação, como mercadorias, dos produtos do trabalho e das forças de trabalho vendidas por indivíduos *livres*" (1991:29). Ou seja, o capital se origina do trabalho social por intermédio da *relação salarial*, cuja manifestação objetiva é o salário, que por sua vez é consumido tendo em vista a reconstituição da força de trabalho. Há uma divisão da renda global que se funda na especificidade da relação salarial, que por sua vez expressa uma relação social de produção. Porém, a divisão da renda global também depende das condições de formação do equivalente geral, melhor dizendo, do caráter mais ou menos instável das relações de equivalência, que é determinado pela inflação, e também repercute sobre a relação salarial.

Aglietta recupera a noção de *mais-valia* como uma necessidade interna do capital, cuja forma de extração vem se modificando ao longo do tempo, tendo em vista o aumento da taxa de rendimento da força de trabalho. A criação de mais-valia absoluta, por intermédio do prolongamento da jornada de trabalho, foi progressivamente dando lugar à intensificação do processo de trabalho, pela subordinação da força de trabalho a um sistema de máquinas de movimento contínuo. A duração do trabalho como elemento do processo de valorização do capital é o ponto de encontro visível de uma luta frontal, e as duas formas de extração da mais-valia são indissociáveis. Dentro disso, o capital busca ampliar permanentemente a produtividade do trabalho, aumentando sua composição orgânica (técnica). Com isso há uma tendência de aumento do capital constante, cujo valor é transmitido pela força de trabalho ao produto durante o processo de trabalho/valorização.

As transformações em relação à produtividade do trabalho têm implicações: a economia de força de trabalho e a diminuição do valor unitário das mercadorias que é contrabalançada por uma deformação no sistema de valores. O autor, então, busca aprofundar uma compreensão da mais-valia relativa. Para isso distingue o setor que produz meios de produção (Setor I) do que produz meios de consumo (Setor II), já que os impulsos que provêm do primeiro transformam as forças produtivas no conjunto. Porém, para Aglietta, é uma assertiva falsa a de que o progresso técnico é automaticamente favorável à acumulação capitalista, já que um desenvolvimento desigual do Setor I pode exercer uma influência depressiva sobre a taxa de rentabilidade do capital. De onde se conclui que, para este raciocínio, a compreensão da dinâmica de crescimento e crise passa por apreender a relação entre os dois setores, que não é determinada por qualquer automatismo.

A seguir, Aglietta afirma ser antidialético buscar uma lei geral de evolução da taxa de rentabilidade do capitalismo. Se o elemento técnico é importante, mais significativa ainda é a relação salarial. Segundo ele:

> "nós atribuímos um conteúdo social, não técnico, ao desenvolvimento das forças produtivas. A acumulação capitalista é necessariamente acidentada. Adquire seu impulso no desenvolvimento desigual do setor I; porém, esse desenvolvimento desigual coloca uma barreira à acumulação. Essa barreira, sempre latente, só pode ser eliminada se a produção capitalista transforma as condições de existência do trabalho assalariado" (1991:43).

Esta perspectiva constitui um instrumento analítico para interpretar as crises cíclicas do processo de acumulação. Não há nenhuma razão para afirmar a existência de uma taxa de crescimento constante do capital ao longo do tempo, já que esta resulta da interação dialética dos elementos assinalados. Sobre a evolução tendencial da força de trabalho, Aglietta enuncia algumas conclusões decorrentes de seu estudo das categorias marxianas: o desenvolvimento desigual dos dois setores produtivos cria movimentos de expansão e contração relativas no emprego; o crescimento do emprego é tendencialmente mais lento que o do capital total, haja vista o descenso relativo da parte variável do capital, resultante da expulsão de trabalho vivo; este processo gera uma superpopulação relativa na indústria, que em parte pode ser absorvida no setor improdutivo; o crescimento do capital total é um limite superior para a extensão do trabalho assalariado.

A incursão teórica de Aglietta pelos conceitos marxianos está exposta aqui em linhas gerais, já que o texto é certamente mais rico e inclui algumas formalizações matemáticas dos processos em análise, tendo em vista cálculos econométricos posteriores. Porém, antes de adentrar por sua análise da acumulação capitalista nos Estados Unidos, cabe uma observação: é ainda mais evidente, a partir, a meu ver, da correta apreensão dos conceitos marxianos por Aglietta (apesar de alguns excessos formalistas), que a rejeição do "marxismo ortodoxo" diz respeito a um campo restrito de interlocutores, já caracterizado anteriormente.

Aglietta propõe uma análise do processo de acumulação nos EUA, não para a verificação de uma teoria, mas para o desenvolvimento dos conceitos. A confrontação da teoria da acumulação com a história do capitalismo neste país de ponta suscita um maior nível de concretude dos conceitos. Assim, ele realiza um estudo detalhado da formação do capitalismo nesse país, cujas linhas gerais são: o princípio da expansão nacional; a subjetividade jurídica individualista; o evento da guerra civil, que definiu a hegemonia da burguesia industrial e financeira e deu um forte impulso ao desenvolvimento das forças produtivas; e, paradoxalmente, o suporte estatal, a exemplo das concessões e empréstimos para as ferrovias. O fundamental aqui são os conceitos que o autor vai extraindo da formação social norte-americana. O desenvolvimento acelerado do capitalismo naquelas paragens após a guerra civil deu-se aos saltos, com um forte impulso no Setor I, porém sem reformular o modo de consumo. Trata-se de um *regime de acumulação extensivo*, bastante suscetível a períodos depressivos. No entanto, foram lentamente se desenvolvendo modalidades concretas de trabalho assalariado, que serão a base para uma transição para um *regime de acumulação intensivo*. Nesse momento, Aglietta enuncia uma hipótese central da teoria da regulação:

"[...] quando a acumulação de capital não só tem lugar por meio da transformação do processo de trabalho, mas sobretudo mediante a transformação do processo de reprodução da força de trabalho, se tem um critério para definir um novo estágio na evolução do capitalismo. Este estágio é portador de novas formas de relação salarial; altera a estabilidade das relações de equivalência na troca e modifica o sistema monetário. Assim, o funcionamento da lei do valor, princípio fundamental da regulação mercantil, depende das condições nas quais se generaliza em toda a sociedade a relação salarial" (1991:57).

A centralidade da relação salarial impõe um programa de estudos a partir de quatro pontos de vista: o do capital, observando o desenvolvimento desigual dos setores e as formas de concorrência; o do desenvolvimento das forças produtivas, com destaque para a forma de produzir sob o impulso da mais-valia relativa, as transformações no processo de trabalho e na formação dos salários; do trabalho assalariado, observando a formação de uma *norma social de consumo*; e, por fim, das mercadorias de consumo, com atenção para a produção em massa, a *estética funcional* e o crédito. Os EUA tiveram condições internas excepcionais, incluindo sua posição e participação nas duas guerras mundiais, para engendrar uma profunda transformação na relação salarial, resultando em um novo regime de acumulação. Aglietta busca indicadores concretos do impacto das mudanças na relação salarial na extração da mais-valia, observando a evolução do custo salarial. Mostra, então, como o custo salarial real se manteve entre constante e em queda, quando os salários reais subiam — no período pós-guerra, da comemoração americana. Ou seja, há um crescimento da extração de mais-valia relativa, que não é atingido pelo aumento dos salários por meio dos acordos dos ganhos de produtividade, por dentro dos contratos coletivos. Portanto, a tendência de descenso do custo salarial apontaria a transição de um regime de acumulação extensivo para um intensivo. A Grande Depressão impõe definitivamente a passagem de um regime para outro. A acumulação intensiva experiencia, entre 1947 e 1961, um regime próximo do equilíbrio, mas que se esgota a partir de 1966. Para os regulacionistas, a crise de

1929-32 se funda num descompasso entre os setores, que passa por intenso desenvolvimento das forças produtivas, sem alterações na norma social de consumo, o que só vai acontecer com o pleno desenvolvimento do fordismo no pós-guerra. Já a crise de 1966-73 é uma crise do regime de acumulação intensiva.

É interessante notar que Aglietta faz uma periodização próxima de Mandel, o que fica mais claro quando enfatiza a importância do problema da renovação do capital constante, mais especificamente, o perfil da formação bruta de capital fixo para uma análise do desenvolvimento temporal do capitalismo sob a dinâmica da mais-valia relativa, o que inclui os processos de desvalorização do capital fixo. A grande interação entre os dois setores no período do pós-guerra permitiu a criação de contratendências, especialmente por intermédio da participação dos fundos financeiros.

Aglietta prossegue seu estudo analisando as transformações do processo de trabalho. A produção capitalista é unidade entre os processos de trabalho e de valorização, com preponderância deste último. Na produção criam-se relações de antagonismo ou cooperação que interferem no processo de valorização do capital. Assim, o processo de trabalho é organizado no sentido de adaptar a força de trabalho à dominação da relação salarial, elemento central do processo de valorização. Aglietta está preocupado em dissolver as apologias do caráter libertador da tecnologia. A apropriação capitalista da técnica não caminha nessa direção; pelo contrário, trata-se de extrair o máximo de rendimento da força de trabalho. Daí advém o *taylorismo*, onde a aplicação do princípio mecânico transforma os trabalhadores em apêndices das máquinas. Segundo Aglietta:

> "Pode definir-se o taylorismo como o conjunto de relações internas ao processo de trabalho que tendem a acelerar a cadência dos ciclos de movimentos nos postos de trabalho, e a diminuir o tempo morto da jornada de trabalho" (1991:91).

Isto se deu por meio da separação e especialização rigorosas das funções no processo de produção, visando diminuir o controle do processo pelos trabalhadores, ou seja, diminuir sua autonomia e resistência. A nova organização da produção exigiu uma mão-de-obra disciplinada e sem laços socioculturais com as formas anteriores, do que decorre a grande absorção de operários emigrantes.

O fordismo é uma superação/aprofundamento do taylorismo. Primeiro, porque ultrapassa as mudanças no processo de trabalho, gerando uma *norma social de consumo* e a institucionalização da luta de classes, por intermédio da negociação coletiva. Isto significa que o fordismo caracteriza um novo estágio da regulação no capitalismo, o do regime de acumulação intensiva. O fordismo articula produção e consumo. Em segundo lugar, seu princípio técnico é a cadeia de produção semi-automática, que intensifica ainda mais o processo de trabalho e a extração de mais-valia relativa, pela integração maior dos diferentes segmentos no processo. Constitui-se uma corrente linear, orientada em um só sentido, de matérias em processo de transformação. Dentro disso, generalizou-se o emprego da energia elétrica na indústria. Por outro lado, o fordismo leva a uma queda do custo de reprodução da força de trabalho, ao diminuir o valor unitário das mercadorias no Setor II. Um último aspecto é que, se o taylorismo diminuiu o controle operário do processo de produção, no fordismo tal perda de controle é total, já que a autonomia dos postos de trabalho é abolida, visto que está submetida ao ritmo da cadeia de máquinas.

O aumento da capacidade produtiva exige novas condições de circulação das mercadorias, especialmente em função da grande rigidez técnica do sistema de máquinas, o que implica grandes riscos de desvalorização.

Entretanto, o fordismo, quanto ao seu objetivo de diminuir os tempos mortos no processo de produção implicou efeitos perversos para o capital: o fato de que nem todos os trabalhadores da cadeia têm um ciclo de movimentos com a mesma duração, o que leva a uma perda total de tempos; os efeitos psicológicos e fisiológicos da uniformidade do ritmo de trabalho sobre os trabalhadores, que levam a doenças ocupacionais e a um absenteísmo elevado, além do aumento dos acidentes de trabalho e do aumento da proporção de produtos com defeitos; a tendência de unificação da luta operária promovida pelo trabalho em cadeia, o que levou aos acordos a respeito dos ganhos de produtividade, que por sua vez terão impactos na contenção do descenso do custo salarial, o que está na raiz da diminuição da taxa de mais-valia no final dos anos 60. Estes elementos levarão a uma crise de reprodução da relação salarial, cuja resposta pelo capital será o *neofordismo*, que introduz o controle automático da produção, ou seja, a automação com a recomposição de tarefas. Para Aglietta, há um discurso ideológico sobre o caráter libertador das mudanças, ao que ele responde:

> "Sem dúvida, há algo seguro: sem a abolição das relações de produção capitalistas esses efeitos positivos não poderão realizar-se nunca" (1991:100).

O novo princípio de organização é o de um sistema totalmente integrado de máquinas que controlam suas próprias operações. Este desenvolvimento das forças produtivas exige algumas condições: um conhecimento científico de cada fase do processo, assegurando o fluxo de informações sobre os parâmetros determinantes da produção, o que remete a uma rigorosa formulação matemática dos processos que se quer controlar; uma completa reconstrução da unidade de produção, redimensionando as normas e os postos de trabalho; a incorporação dos progressos da eletrônica, com a miniaturização dos circuitos eletrônicos integrados, através das máquinas-ferramenta de controle numérico.[6] É evidente que a introdução dos novos processos exige fortes investimentos, o que leva a uma grande centralização do capital e a uma intensa participação do capital financeiro, considerando os riscos. Um investimento tão alto vai impor um grande volume de produção e de estratégias de escoamento dela no consumo.

---

6. Um trabalho importante sobre a introdução das máquinas-ferramenta de controle numérico na indústria automotiva brasileira foi realizado por José Ricardo Tauille (1988), como requisito do concurso de professor titular em Economia do Trabalho, no Instituto de Economia Industrial da UFRJ.

O neofordismo está livre das capacidades do ordenador humano, o que aumenta a precisão e a qualidade do trabalho e diminui muito o tempo de produção. Mas Aglietta aponta outras conseqüências: a expulsão de força de trabalho; a desqualificação em função da supressão de tarefas complexas; a facilidade de permuta dos trabalhadores, diminuindo o absenteísmo; o reforço do departamento de engenharia, que está longe de compensar a diminuição dos postos de trabalho. O neofordismo, portanto, influi sobre o campo do valor, reduzindo o capital variável necessário para produzir o mesmo valor e aumentando a extração de mais-valia relativa. Assim, as estratégias do enriquecimento/recomposição de tarefas, por meio da constituição dos grupos semi-autônomos, repletos de trabalhadores polivalentes, submetidos ao plano geral da empresa tem o seguinte significado para Aglietta: "O trabalho enriquecido é tão vazio, e tão reduzido à pura duração, quanto o trabalho fragmentado" (1991:106)[7].

Aglietta passa então a analisar a formação do movimento sindical nos EUA, tendo em vista seu impacto nas transformações citadas. No regime de acumulação extensiva havia um movimento operário forte, mas que foi combatido com dureza pelas forças patronais. Das ruínas dessa experiência combativa nasce um movimento corporativo e reformista. A resposta à Grande Depressão que marca a passagem para a acumulação intensiva passa, dentre outros elementos, por uma gigantesca reforma das instituições, especialmente por uma codificação da luta de classes.

Aglietta discute a questão do salário, definido como "uma magnitude monetária que designa uma relação social de distribuição, através da qual se produz a distribuição da renda global" (1991:113). Assim, o salário é uma expressão da relação global entre as classes. Existe o salário definido por hora, que expressa o tempo socialmente necessário para a produção de

---

7. Posição semelhante é corroborada pela produção do Brighton Labour Group (1994).

determinada mercadoria, e o salário nominal de referência, que é a forma monetária de reprodução da força de trabalho, ou seja, inclui os salários indiretos, que também compõem o capital variável, com impacto sobre o valor. Dessa forma, as distinções entre duração efetiva e duração média e entre salário direto e indireto introduzem uma flexibilidade significativa na determinação dos salários individuais. E esta variação dos salários é importante quando se analisa os processos da concorrência no ciclo da acumulação. Outra forma que se coloca é o salário por empreitada (*a destajo*), onde há uma redução do salário-base e o resto se ajusta à demanda ou à capacidade superior de trabalho de um operário individualmente, criando uma ilusão de que o salário tem relação com o que se produziu.

Com o fordismo e o neofordismo, que levam ao extremo a coletivização do trabalho, há impactos sobre a formação dos salários, dentre os quais os planos coletivos de estímulo ao rendimento — os chamados ganhos de produtividade —, que se relacionam com as flutuações da conjuntura.

O autor passa a expor sua análise das condições de existência do trabalho assalariado, ou seja, da reprodução da força de trabalho. O ciclo de manutenção da força de trabalho inclui o processo de consumo. Portanto, é impregnado de relações mercantis. Quando se separou os trabalhadores dos meios de produção, processo que origina a relação salarial, houve também a destruição das formas tradicionais de consumo e a criação de uma norma social de consumo operário, que se integra às condições de produção. O advento da produção de produtos trivializados cria um consumo de massas, o que é fundamental para o capitalismo, já que contraresta o desenvolvimento desigual do Setor I. Esse movimento não é automático. Aqui, trata-se do problema da demanda efetiva para os keynesianos, o que para o marxismo só ganha sentido como parte do problema da produção da mais-valia.[8]

---

8. É interessante notar que Aglietta, nessa altura do texto, caracteriza Paul Sweezy como um pós-keynesiano. Viu-se no Capítulo 2 que, de fato, suas formulações sobre o capitalismo contemporâneo têm inspiração keynesiana.

Para falar do modo de consumo específico ao fordismo, Aglietta caracteriza o consumo como uma atividade socialmente condicionada e predominantemente privada, sujeita a forças contraditórias de homogeneização e diferenciação. Ele quer fundamentalmente identificar a influência da transformação das relações de produção no consumo.

O consumo é um processo material, espacial e temporalmente constituído. É também a conservação de capacidades e atitudes, no que se refere à posição dos indivíduos nas relações sociais e à representação que fazem desta posição. É um exercício de capacidades reais e de relações de *status*. Estas últimas se manifestam em hábitos adquiridos, cuja alteração requer fortes movimentos de alteração das relações sociais. Assim sendo, na acumulação extensiva as condições de existência dos trabalhadores eram marcadas pela miséria e pela insegurança, não sendo permitida a estabilização de hábitos de consumo. O fordismo cria uma norma social de consumo baseada no indivíduo, que compensa o desgaste do trabalhador no processo intensivo de trabalho fora dele. Duas mercadorias irão compor o gasto básico: a casa e o carro. Para adquirir esses bens supõe-se certa estabilidade no emprego que permita pagar financiamentos de longo prazo. Implica, portanto:

> "[...] regulamentações, uma globalização e homogeneização dos salários, a constituição de fundos de seguro social contra a incapacidade temporária de perceber um salário direto" (Aglietta, 1991:137).

A casa, além de eliminar a insalubridade e a insegurança, requer a instalação de bens de consumo duráveis, poupando, ainda, o trabalho doméstico. O carro viabiliza os deslocamentos e significa *status*. Aglietta fala de uma estética funcional a esta norma de consumo que é viabilizada pelos meios de difusão de imagem, que modela e controla os hábitos de consumo. Porém, para ele,

> "O papel da imagem no consumo, que para numerosos sociólogos se converteu no princípio essencial de explicação da evolução

do capitalismo, está estritamente subordinado às condições materiais e sociais que assinalamos" (1991:139).

Aglietta ironiza os ideólogos da sociedade de consumo, que despertaram com a crise do fordismo no final dos anos 60. Essa é uma crise de um modo de organização do trabalho que se manifesta por intermédio de um endurecimento da luta de classes na produção em torno da extração da mais-valia, ou seja, há uma contenção da diminuição do custo salarial real. Esta é, para o autor, uma *crise orgânica do capitalismo*, sem significar a desaparição irremediável deste. Portanto, é uma crise que advém do estrangulamento da taxa de mais-valia relativa (com conseqüente tendência de queda da taxa de lucros, o que o autor não enfatiza). Daí decorre abalos nas relações de intercâmbio entre os dois setores. Impõe-se, então, a espiral da crise, que afeta o poder aquisitivo do salário direto e a evolução da norma social de consumo.

Também o sistema de salários indiretos é atingido em sua base de financiamento, que diminui, e na demanda, que aumenta. Há uma elevação do custo social de reprodução da força de trabalho, com repercussões financeiras para as empresas, ou seja, como mais um elemento a comprimir a extração da mais-valia relativa. Para Aglietta, a abordagem da política social se estabelece por dentro da caracterização da relação salarial, como elemento central que assegura certa segurança para uma adesão à norma social de consumo, que por sua vez é decisiva para o processo de acumulação. Mas também como elemento que se estabelece nos acordos coletivos, um instrumento de codificação da luta de classes. No contexto de crise orgânica do capitalismo, que é uma crise da relação salarial, a política social é colocada em xeque, inclusive com tendências de privatização, ou seja, de transformação de trabalho improdutivo em trabalho produtor de valor. Tal caracterização polêmica é próxima da categoria mandeliana da supercapitalização, como se verá. Por ora, os gastos sociais governamentais são assim caracterizados no contexto da crise orgânica:

> "Não surpreende, pois, que a crise da organização do trabalho seja simultaneamente o momento de uma ofensiva geral da

classe capitalista para reduzir os gastos sociais e uma época de perturbações financeiras para os organismos públicos. Todos esses fenômenos são manifestações inelutáveis de uma crise de reprodução da relação salarial" (1991:144).

A reação burguesa à crise vem com o *neofordismo*, uma estratégia decisiva para a retomada de uma elevação duradoura da taxa de mais-valia. Segundo Aglietta, existe uma alternativa capitalista à crise, que passa por aprofundar o regime de acumulação intensiva no âmbito do consumo coletivo, algo próximo do complexo sócio-industrial de James O'Connor. Porém, Aglietta parece ser cético em relação a tal possibilidade, consideradas as exigências de mudanças institucionais e de hábitos que implicaria.

Aglietta faz comentários importantes sobre a organização operária. Se existem elementos objetivos que apontam para a unificação dos trabalhadores, há outros vetores que promovem a fragmentação e a debilidade. Aqui ele ressalta o papel fragmentador das burocracias sindicais, em função dos métodos antidemocráticos com que conduzem os acordos coletivos. Mas as discriminações étnicas, de gênero e de geração também são fragmentadoras. Citando o estudo de Baran e Sweezy (discutido no Capítulo 2), o autor mostra que determinadas relações político-ideológicas influem sobre o processo de acumulação, sendo o racismo nos EUA uma arma poderosa que garante condições excepcionais de exploração. No neofordismo, esses processos tendem a se aprofundar, a não ser que se modifique muito a relação entre o tempo de trabalho e o de não-trabalho, mas isso exigiria uma grande renovação dos controles sociais, o que poderia apontar para uma saída capitalista da crise. Num outro cenário, já que esse é improvável, os prognósticos estão mais próximos das relações socioeconômicas de vinte anos após o lançamento do livro de Aglietta. Segundo ele,

> "Parece provável que todas essas forças conduzam a que o capitalismo seja globalmente posto em causa. Por isso, a relação salarial, base da dominação de classe, não poderá manter-se provavelmente sem a proliferação de um sistema cada vez mais

totalitário de controles de meios ideológicos e repressivos" (1991:151).

Aglietta retoma o debate sobre a política social. Para ele, a reprodução da força de trabalho social não é apenas a recomposição física entre um ciclo de produção e outro, mas também a renovação entre uma geração e outra. Portanto, são gastos de manutenção e de formação que tomam parte da socialização das condições gerais de produção. Aglietta aponta que existe grande variedade nos fluxos de renda e nos mecanismos institucionais para a cobertura desses gastos, o que influi na proporção entre salários diretos e indiretos no salário nominal de referência. Nos EUA, a extensão da relação salarial fordista gerou as formas estruturais dos sistemas de seguridade e de assistência. A assistência se caracteriza por sua seletividade e incerteza. É um direito que se encontra sempre ameaçado em sua extensão e grau de cobertura. Já a seguridade é um sistema mais regulamentado, em função de seu caráter contributivo e pela socialização dos riscos do trabalho assalariado. Tanto que a seguridade faz parte dos contratos coletivos e dos compromissos definidos na luta de classes. A conclusão a que ele chega é a seguinte:

> "[...] tanto a seguridade quanto a assistência formam parte do valor social da força de trabalho e, portanto, se encontram completamente sujeitas aos condicionamentos impostos pela lei da acumulação" (1991:158).

Assim, o padrão de proteção social relaciona-se com a relação salarial, ou seja, é resultado dos compromissos assumidos na luta de classes, cuja codificação sob o fordismo foram os contratos coletivos, e é impactado pela taxa de mais-valia relativa. Quando esta se reduz, há uma repercussão na norma social de consumo. Deteriora-se o salário real e o financiamento do sistema de cobertura dos riscos.

Aglietta dá maior precisão à idéia de *forma estrutural*. Trata-se da busca de um espaço teórico intermediário, de mediações que dão coesão à expressão concreta de uma relação social fundamental. As formas estruturais evoluem com as transformações materiais do modo de produção, são o lugar de relações de caráter econômico, jurídico-político e ideológico e, ao se reproduzirem, geram transformações no campo homogêneo do valor. A política social, como se viu, é uma forma estrutural importante na coesão interna do regime de acumulação fordista e vai sofrer fortes impactos com a passagem para um novo regime de acumulação, que para Aglietta é o neofordismo.

Na segunda parte do texto, o autor dedica-se à análise das formas da concorrência intercapitalista — que inclui os processos de monopolização e centralização do capital — e ao papel do capital financeiro e da inflação, como elementos que se articulam e rearticulam em torno das mudanças na relação salarial conduzidas pela busca da mais-valia relativa. Portanto, a concorrência é uma forma estrutural decisiva, ainda que submetida à relação salarial como elemento fundamental do modo de produção capitalista. Não me deterei na segunda parte do texto, já que os elementos mais significativos do pensamento regulacionista e que subsidiam a abordagem da política social já foram expostos em linhas gerais. Vale a pena concluir esse mergulho no texto de Aglietta com sua caracterização da questão da queda tendencial da taxa de lucros e também do papel do Estado, que surge também como uma forma estrutural.

Sobre a queda tendencial da taxa de lucros, ele diz que uma etapa de acumulação aparentemente regular não implica a existência de mecanismos autocorretores capazes de perpetuá-la. A tendência ao desenvolvimento desigual é inerente à lei da acumulação e se impõe às relações de concorrência no mercado. Tal tendência só pode ser neutralizada a partir de transformações que dependem do desenrolar da luta de classes.

Sobre o Estado, Aglietta lembra que os conceitos expostos no decorrer do seu trabalho são os fundamentos do conceito de capitalismo monopolista de Estado. Parece tratar-se, então, de um resgate sob novas bases do CME. De fato, o CME como totalidade social estruturada só pode ser explicitado ao final de um percurso analítico que exponha as leis gerais da regulação no capitalismo e suas tendências históricas. Assim,

> "Somente nesse (no Estado) pode criar-se uma coesão das formas estruturais que sem descanso são colocadas em dificuldades e reproduzidas pelo compromisso oscilante da política econômica. O capitalismo monopolista de Estado é o modo de articulação das formas estruturais criadas pelo fordismo" (1991:340).

Com o advento do neofordismo, impõe-se uma nova articulação das formas estruturais, especialmente da relação salarial, onde se incluem os padrões de financiamento dos gastos sociais. Mas também do sistema monetário, das formas da concorrência, dos padrões de inserção no mercado internacional e do Estado, com seu caráter totalizador.

O estudo dessas formas estruturais em formações sociais concretas será extensamente desenvolvido pelo programa de pesquisas da Escola da Regulação. Benjamin Coriat, por exemplo, realiza uma extensa pesquisa da relação salarial/paradigma industrial, produção imprescindível para qualquer pesquisa sobre as mudanças em curso no mundo do trabalho. Alain Lipietz contribui para a compreensão dos regimes de acumulação e modos de regulação no capitalismo periférico. Robert Boyer dedica-se à teorização macroeconômica com base nos conceitos da regulação. Já Aglietta, após esse texto, centrou sua pesquisa na circulação monetário-financeira.[9]

Ruy Braga (1996) faz uma crítica do projeto regulacionista e em especial do texto de Aglietta, assinalando o reformismo de suas concepções, contido na idéia do neofordismo como saída capitalista para a crise e pela centralidade da relação salarial, que indicaria uma tendência ao reducionismo economicista. Pelo contrário, a análise deste texto mostra um razoável ceticismo em relação a uma retomada *estável* da mais-valia relativa. Por outro lado, o centro na relação salarial não expressa, a meu ver, nenhum reducionismo, na medida em que esta é enriquecida de múltiplas determinações e conceitos

---

9. Uma síntese da produção recente da Escola da Regulação, incluindo outros autores e interessantes análises de situações concretas, pode ser encontrada na publicação organizada por Boyer e Saillard (1995).

intermediários. A não ser que se esteja abrindo mão da precedência do ser sobre a consciência, o ponto de partida de Aglietta parece coerente.

Posteriormente, a Escola empreendeu uma trajetória de concentrar estudos nas formas estruturais em formações sociais concretas, afastando-se daquelas como mediações, que interferem na operação da lei da acumulação, tal como exprimiu o próprio Aglietta. No entanto, os conceitos intermediários desenvolvidos podem ser instrumentos importantes, desde que não se perca os elementos fundantes da socialidade capitalista e a dimensão de totalidade. Nesse sentido, concordo com David Harvey (1993), que utiliza os conceitos da Escola da Regulação e justifica esse recurso da seguinte maneira:

> "Esse tipo de linguagem é útil, em primeira instância, como recurso heurístico. Ele concentra a nossa atenção nas complexas inter-relações, hábitos, práticas políticas e formas culturais que permitem que um sistema capitalista altamente dinâmico e, em conseqüência, instável adquira suficiente semelhança de ordem para funcionar de modo coerente ao menos por um dado período de tempo" (Harvey, 1993:117).

CAPÍTULO 5

O CAPITALISMO TARDIO: a crise do capital decifrada

É supérfluo justificar minha opção teórica prioritária pela estatura desse autor, que é, reconhecidamente, um importante intelectual do mundo contemporâneo.[1] Parafraseando Celso Frederico, Mandel, tanto quanto Lukács, já pode ser considerado um clássico do século XX. Duas características singulares marcam sua obra e trajetória: a fidelidade ao quadro de referência teórico-metodológico marxiano, ou seja, à ortodoxia, em sentido lukacsiano;[2] e a preocupação militante e permanente com a superação revolucionária do capitalismo, o que significa que seu processo de elaboração se dá a partir de um mirante radicalmente crítico e, dessa forma, mais abrangente.[3]

---

1. Para uma caracterização da importância e da extensão da obra de Mandel, consultar a "Introdução" de Jon Rothschild ao *Marxismo revolucionário atual* (1981), que reúne algumas entrevistas do revolucionário belga sobre temáticas polêmicas que envolvem a luta de classes contemporânea.

2. Ver nota nº 3 no Capítulo 4.

3. Acerca dos vínculos de Mandel no amplo espectro da tradição marxista, ver, além do texto mencionado de Rothschild, Perry Anderson (1976:129-32). E, ainda, sobre o "mirante" mais abrangente, consultar Michael Löwy (1987).

A sistematização mais significativa de Mandel sobre as características do capitalismo após a Segunda Guerra Mundial está no livro *O capitalismo tardio*, concluído em 1972. A análise dos desdobramentos das indicações de 72, na conjuntura internacional, até fins dos anos 80, pode ser encontrada numa série de artigos e palestras do autor, reunida na publicação *A crise do capital*. Então, cotejarei os principais elementos da análise mandeliana nessas duas publicações.[4] Ao final desse percurso, espero colher e sintetizar pistas relevantes para o debate acerca da política social.

Mandel, em *O capitalismo tardio*, delimita algumas orientações teórico-metodológicas que distinguem a sua proposição das de vários autores marxistas no campo da economia política. Para isso, resgata a categoria da totalidade e se posiciona contrariamente às interpretações monocausais do desenvolvimento do capitalismo, entendendo que as formas concretas que esse modo de produção engendra em cada momento histórico são resultantes da interação de uma série de variáveis parcialmente independentes entre si. Essa relativa independência das variáveis é o que exige do esquema teórico a flexibilidade necessária que permita incorporar mediações que, num mesmo momento histórico, configuram realidades diferentes. Ele critica também a utilização dos esquemas de reprodução de Marx por autores como Hilferding, Rosa Luxemburg, Henryk Grossmann, Bukharin e Otto Bauer, entre outros, como referência para desvendar historicamente os desdobramentos do modo de produção capitalista. Mandel sustenta, com base na argumentação de Roman Rosdolsky (1989),[5] que os esquemas têm como pressuposto a noção de equilíbrio entre os setores da produção e têm como objetivo entender como se sustenta, numa economia

4. Os textos referidos são precedidos por um denso estudo sobre as categorias centrais da economia política marxiana — o *Tratado de economia marxista* —, e por uma série de ensaios sobre as características do capitalismo após a Segunda Guerra reunidos no compêndio *Ensayos sobre el neocapitalismo*, dentre outras publicações. Entretanto, vou trabalhar centralmente com esses dois estudos, já que expressam de forma mais madura e definitiva a reflexão do autor.

5. Ver "La polémica en torno a los esquemas de la reproducción de Marx".

de mercado, a antinomia entre valores de uso e de troca, ou seja, como o capital consegue existir, reproduzir-se e "equilibrar-se" nessa contradição nodal. Mandel afirma que o desenvolvimento do capitalismo não se orienta pela noção de equilíbrio, ou seja, que as rupturas de equilíbrio são marcas de sua origem e leis de desenvolvimento, e conclui que Marx jamais pretendeu que seus esquemas justificassem argumentos acerca da possibilidade da *produção sem perturbações*, inviável pela própria natureza do capital.

Como conseqüência de suas pontuações críticas, Mandel sugere algumas variáveis que interagem no seio da totalidade concreta: a composição orgânica do capital em geral e nos setores mais importantes; a distribuição do capital constante entre o capital fixo e o circulante; o desenvolvimento da taxa de mais-valia; o desenvolvimento da taxa de acumulação (relação entre a mais-valia produtiva e a mais-valia consumida improdutivamente); o desenvolvimento do tempo de rotação do capital; e as relações de troca entre os dois departamentos (bens de produção — I; bens de consumo — II). Segundo Mandel,

> "A combinação de todas essas tendências desiguais [...] vai permitir-nos explicar a história do modo de produção capitalista, e sobretudo a terceira fase desse modo de produção, que denominaremos 'capitalismo tardio', mediante as leis de movimento do próprio capital, sem recorrer a fatores exógenos, alheios ao âmago da análise de Marx do capital. Assim, a 'vida da matéria' deveria despontar pela ação recíproca e todas as leis de desenvolvimento do capital. Em outras palavras, é a totalidade dessas leis que fornece a mediação entre as aparências superficiais e a essência do capital, e entre os 'muitos capitais' e o 'capital em geral'" (1982:27-8).

O autor envereda, então, pela reconstituição das causas múltiplas das seqüências dos momentos de expansão e estagnação do capitalismo, nas suas várias fases — a livre-concorrência, o imperialismo clássico e o capitalismo tardio. Parte da lei do desenvolvimento desigual e combinado do modo de produção capitalista, na qual os processos de gênese e autodesenvolvimento do capital, embora constituam fases sucessivas da história econômica, também são processos convergentes, que mantêm entre si uma ligação estrutural. Portanto, se, por um lado, existe uma tendência, uma pressão que vai do centro para a periferia, de impregnar o planeta de relações tipicamente capitalistas, por outro o vínculo estrutural entre desenvolvimento e subdesenvolvimento é um elemento limitador.

Essa articulação do mercado mundial se dá de forma diferenciada nas várias fases do capitalismo, e o móvel desses processos, segundo Mandel, é a *busca de superlucros*, com base no pressuposto da natureza desequilibrada do desenvolvimento do capitalismo moderno. Isto significa que este não é acompanhado por um nivelamento das taxas de lucro. Existem algumas formas de extração dos superlucros: quando a composição de um capital específico é menor que a média social, mas fatores "extra-econômicos" (situação de guerra, ação do Estado etc.) impedem a mais-valia superior à média produzida aí de ingressar no processo de nivelamento da taxa de lucro; quando há composição orgânica acima da média social, possibilitando a apropriação de uma parcela da mais-valia produzida por outras firmas do setor; por meio da pressão pela redução do preço da força de trabalho (taxa de mais-valia superior à média social); via pressão pela redução do preço de partes componentes do capital constante abaixo da média social; e pela diminuição do tempo de rotação do capital circulante (monopólio das técnicas para reduzir esse tempo). Ele aponta que essas formas vêm, em geral, acompanhadas de uma *queda na taxa média de lucros* e que, no caso dos monopólios, os superlucros são também retirados da massa total de mais-valia, ou seja, há uma transferência de mais-valia dos setores não-monopolistas para os monopolistas.

Mandel explica como isso ocorre concretamente nos três momentos do capitalismo moderno. Os primórdios do *capitalismo de livre-concorrência* serão marcados pela não-ocorrência de vultosos movimentos do capital na busca de superlucros, devido a alguns fatores: a abundância do exército industrial de reserva nos primeiros países industriais e o conseqüente pouco incentivo à exploração de mão-de-obra barata nos países atrasados; a fragilidade das lutas do proletariado; a "troca desigual" de mais-valia entre a jovem indústria e a agricultura; e a abundância de áreas de investimento de livre acesso na Europa Ocidental e América do Norte. Mas essa situação de relativa imobilidade começa a se alterar a partir dos anos 70 do século XIX. Houve, nesse momento, uma rápida emigração da força de trabalho, que levou ao declínio do exército industrial de reserva. A conseqüência disso é o reforço da luta operária e o aumento dos salários reais. Outro fator importante é a demanda por matérias-primas, cujos preços aumentaram no período. Entretanto, a alteração mais conhecida é o esgotamento da primeira revolução industrial e tecnológica, que promoveu um rápido acréscimo no volume de capital, fruto do aumento da composição orgânica, passando a exigir novos campos de investimentos. Esse conjunto de elementos levará à queda da taxa de lucros.

Iniciar-se-á, assim, um movimento forte de exportação de capitais para regiões menos desenvolvidas, o que caracteriza a *fase imperialista* do capitalismo. Os superlucros passam, então, a ser extraídos por intermédio dos seguintes expedientes: investimento em esferas da produção com menor composição orgânica de capital; pressão pela queda dos preços da força de trabalho nos países dependentes, em função do enorme exército industrial de reserva; exportação de capitais para a agricultura e mineração, aumentando a composição orgânica nesses setores e diminuindo os preços das matérias-primas; e exportação de capitais ociosos. Dessa forma, viabiliza-se a chamada *Belle Époque* (1893-1914), caracterizada por "(...) um aumento temporário na taxa média de lucro nos países metropolitanos" (Mandel, 1982:56).

Portanto, o mercado mundial configurado a partir desses processos múltiplos viabiliza a extração de superlucros por meio da diferenciação de preços, que, por sua vez, é decorrente da diferenciação na produtividade do trabalho. Nesse sentido, afirma-se a lei do valor, e, mais uma vez, o desenvolvimento desigual e combinado, onde o *moderno* e o *arcaico* se combinam, tendo em vista a extração de superlucros. O mercado mundial universaliza a circulação das mercadorias, não a sua produção. Daí a ausência de homogeneidade da economia capitalista. No entanto, ao reproduzir a mão-de-obra barata nos países de capitalismo periférico, esse processo delineia seus limites, à medida que o mercado interno se amplia de forma pouco significativa.[6]

Mandel quer explicar não só as diferenças entre os países, mas também a existência de *colônias internas*, inclusive para identificar as razões essenciais desse *movimento do capital para fora.* Sua explicação fundamenta-se no fato de que *o superlucro é produto do diferencial da produtividade do trabalho*. Neste sentido, o capital se move em direção à *perpetuação desses diferenciais*, fugindo de qualquer possibilidade de nivelamento da taxa de lucros.

No *capitalismo tardio*, outras determinações enriquecem o arsenal de possibilidades de extração dos superlucros, enquanto redistribuição da massa total de mais-valia. Além das formas incorporadas de momentos anteriores (exploração de colônias e semicolônias), em decorrência dos monopólios e da revolução tecnológica, tem-se uma justaposição industrial global de setores dinâmicos e subdesenvolvidos num mesmo ramo.

A combinação diferenciada do conjunto de variáveis que envolvem a obtenção de superlucros está relacionada à existência das *ondas longas* de aceleração e desaceleração sucessivas na história do capitalismo. *O descompasso entre produção e realização da mais-valia promove os ciclos longos de estagnação e expansão do capital.* Dentro de um ciclo sucedem alguns momentos: após uma fase de expansão e crescimento, dá-se a *superacumulação* — uma linha divisória na qual a taxa de lucros começa a decair pela dificuldade de realização da mais-valia; segue, então, a crise e a depressão.[7]

---

6. Sobre a relação entre capitalismo central e periférico, ampliação ou não do mercado interno no Terceiro Mundo e a perspectiva dos conflitos de classe nesses países que constituem o elo mais fraco do capitalismo, indico a leitura de Mandel (1981), "A Revolução Permanente: Teoria ou Estratégia?".

7. O primeiro economista a sustentar a existência de ciclos econômicos com duração média de cinqüenta anos foi N. D. Kondratieff, causando grande comoção e polêmica entre os intelectuais da recém-fundada URSS, principalmente porque tal re-

Na base de cada ciclo de reprodução ampliada do capital pode-se encontrar a renovação do capital fixo, isto é, o incremento tecnológico. Dessa forma, ganha visibilidade uma tendência de desenvolvimento do capitalismo: o *aumento permanente da composição orgânica do capital*. Mandel vai diferenciar duas formas de reprodução ampliada do capital fixo. Na primeira, há uma expansão da escala produtiva. Na segunda, há uma inovação técnica radical, constituindo verdadeira revolução tecnológica, que acelera repentinamente a acumulação de capital. Esta possibilidade só pode ocorrer a partir da liberação de valores de vários pequenos ciclos sucessivos por intermédio da primeira forma, além do capital ocioso proveniente de subinvestimento anterior.

Uma série de acontecimentos pode preceder um novo ascenso do capital, cuja precondição é um aumento da taxa de lucros: a queda da composição orgânica média do capital, fruto de sua penetração em países com composição baixa; o aumento da taxa de mais-valia decorrente de uma derrota radical da classe trabalhadora e/ou aumento da intensidade do trabalho; a queda súbita do preço dos componentes do capital constante, particularmente as matérias-primas; e a diminuição, também repentina, do tempo de rotação do capital circulante. Desse modo, criam-se as condições para uma inovação técnica radical, ou seja, *a alteração no aparato de máquinas motrizes ou produtores mecânicos de energia*. A partir dessas considerações, Mandel identifica alguns períodos longos do desenvol-

---

flexão levantava possibilidades de novos ascensos da acumulação de capital, contrariando as opiniões formadas acerca da derrocada iminente do capitalismo. Ao observar as teses de Kondratieff (1979) e de Mandel, percebi que as proposições são semelhantes, mas os caminhos são distintos. Kondratieff insiste em um conjunto de séries estatísticas partindo de indicadores, como o nível médio de preços(?!), dos juros, salários e do volume de comércio exterior. Mandel trabalha com as variáveis que compõem a lei do valor, num estudo rigorosamente marxista. Portanto, ainda que para afirmar a existência dos ciclos longos seja imprescindível percorrer criticamente as proposições de Kondratieff, e inclusive afirmar algumas de suas descobertas, me parece que Mandel constrói uma opinião bastante singular acerca das ondas longas. Contudo, essa vinculação entre Mandel e Kondratieff é, muitas vezes, estabelecida com critérios discutíveis. Para um contato com a polêmica em torno dos longos ciclos, ver Kondratieff et al. (1979). Sugiro ainda Mattick (1977).

vimento do capitalismo, que são sistematizados no quadro a seguir, preparado rigorosamente a partir da dinâmica dos elementos que compõem a lei do valor,[8] considerando sua objetividade e seu componente subjetivo, ou seja, sua historicidade:

Onda longa	*Tonalidade principal*	*Movimento dos componentes do valor das mercadorias industriais*	*Origens desse movimento*
1) 1793-1825	expansão, taxa de lucros em alta	Cf: subindo acentuadamente Cc: subindo acentuadamente, caindo a seguir v: caindo s/v: subindo	Máquinas artesanalmente produzidas, a agricultura se atrasa frente à indústria — alta de preços das matérias-primas. Queda dos salários reais, com lenta expansão do proletariado industrial e desemprego maciço. Vigorosa expansão do mercado mundial (América do Sul).
2) 1826-47	enfraquecimento, taxa de lucros em estagnação	Cf: subindo Cc: caindo s/v: estável	Redução dos lucros feitos a partir da concorrência à produção pré-capitalista na Inglaterra e Europa Ocidental. O valor crescente de C neutraliza a taxa mais alta de mais-valia. É desacelerada a expansão do mercado mundial.
3) 1848-73	expansão, taxa de lucros em alta	Cf: caindo Cc: estável e a seguir subindo v: caindo s/v: subindo	A transição para a fabricação mecânica de máquinas reduz o valor de Cf. Cc aumenta, mas sem acompanhar a queda de Cf. Expansão maciça do mercado mundial posterior à crescente industrialização e à expansão da construção de ferrovias na Europa e América do Norte, em conseqüência da Revolução de 1848.

8. Para uma melhor compreensão do quadro, tem-se que: Cf significa capital fixo, ou seja, os meios de produção; Cc significa capital circulante, ou seja, matérias-primas e auxiliares; v, o valor da força de trabalho; e, por fim, s/v, a mais-valia.

Onda longa	*Tonalidade principal*	*Movimento dos componentes do valor das mercadorias industriais*	*Origens desse movimento*
4) 1874-93	enfraquecimento, taxa de lucros cai, a seguir permanece estagnada e depois aumenta levemente	Cf: subindo Cc: caindo v: subindo lentamente s/v: de início caindo, e depois subindo lentamente	As máquinas de fabricação mecânica se generalizam e as mercadorias produzidas com elas deixam de gerar superlucro. A crescente composição orgânica do capital conduz a um declínio na taxa média de lucros. Na Europa ocidental aumentam os salários reais. Os resultados da crescente exportação de capital e a queda nos preços de matérias-primas só gradualmente permitem expansão na acumulação de capital. Estagnação relativa do mercado mundial.
5) 1894-1913	expansão, taxa de lucros em alta e depois estagnada	Cf: caindo Cc: subindo vagarosamente v: subindo vagarosamente e a seguir estabilizada s/v: subindo abruptamente e a seguir estabilizada	Os investimentos de capital nas colônias, a arrancada do imperialismo, a generalização dos monopólios, beneficiados ainda mais pelo aumento notavelmente lento no preço de matérias-primas, e estimulados pela segunda revolução tecnológica, com o subseqüente aumento radical na produtividade do trabalho e na mais-valia, permitem um acréscimo geral na taxa de lucros, o que explica o rápido crescimento da acumulação de capital. Expansão vigorosa do mercado mundial (Ásia, África, Oceania).
6) 1914-39	retrocesso, taxa de lucros em queda abrupta	Cf: estável Cc: caindo v: caindo, depois estável e a seguir caindo s/v: caindo, depois estável (na Alemanha, em ascensão desde 1934)	A deflagração da guerra, a ruptura do comércio mundial e o retrocesso na produção material determinam dificuldades crescentes à valorização do capital, reforçadas pela vitória da Revolução Russa e pelo estreitamento do mercado mundial que esse fato ocasionou.

Onda longa	*Tonalidade principal*	*Movimento dos componentes do valor das mercadorias industriais*	*Origens desse movimento*
7) 1940/45 -1966	expansão, taxa de lucros em elevação e a seguir começando a declinar lentamente	Cf: subindo Cc: cai v: antes estável ou caindo, depois subindo lentamente s/v: subindo acentuadamente, depois estável	O enfraquecimento (e atomização parcial) da classe operária determinado pelo fascismo e pela Segunda Guerra Mundial permitem uma alta maciça na taxa de lucros, o que favorece a acumulação do capital. De início, este é lançado na produção de armamentos e a seguir nas inovações da terceira revolução tecnológica, o que barateia consideravelmente o capital constante e assim promove uma elevação a longo prazo na taxa de lucros. O mercado mundial se contrai por intermédio da autarquia, da guerra mundial e da ampliação das zonas não-capitalistas (Europa oriental, China, Coréia do Norte, Vietnã do Norte, Cuba), mas a seguir é bastante ampliado pela intensificação da divisão internacional do trabalho nos países imperialistas e pelo início da industrialização nas semicolônias.
8) 1967-...	enfraquecimento, taxa de lucros em declínio	Cf: estável e subindo Cc: caindo e a seguir subindo acentuadamente v: subindo lentamente e a seguir estável s/v: estabilizado	A lenta absorção do "exército industrial de reserva" nos países imperialistas age como obstáculo a um aumento adicional na taxa de mais-valia, apesar da automação crescente. A intensificação da concorrência internacional e a crise monetária mundial trabalham no mesmo sentido. Diminuição do ritmo de expansão do comércio internacional.

Fonte: Mandel (1982:92-3).

Mandel prossegue caracterizando as várias tendências e contratendências que se entrecruzam no *capitalismo tardio*, ou seja, os elementos que favoreceram o ascenso do capital após o longo período depressivo que vai até 1939. Examina as *flutuações da taxa de mais-valia*, considerando que, após o barateamento dos elementos do capital constante, esse é o segundo fator capaz de deter a queda tendencial da taxa de lucros decorrente do aumento da composição orgânica do capital.

Se se leva em conta o fato de que a jornada de trabalho permaneceu a mesma (em média oito horas) desde a Primeira Guerra Mundial, alguns fatores, principalmente quando em operação ao mesmo tempo, conduzem ao súbito aumento da taxa de mais-valia. Deve-se verificar que, no período, o aumento da produtividade do trabalho no Departamento II (bens de consumo) é maior que o crescimento dos salários; há também aumento da intensidade do trabalho e acréscimo na duração do sobretrabalho; e, por fim, queda do salário real.

Contudo, não houve, nos países industrializados, uma expansão do exército industrial de reserva. Também, se as mercadorias que compõem a cesta básica perderam parte do seu valor, por outro lado houve uma expansão das necessidades sociais. Portanto, somente uma *situação excepcional* propiciaria um impulso tão forte na acumulação de capital. De fato, a *ascensão do fascismo* e a *economia de guerra* serão os elementos decisivos, criando as condições para a acumulação de capitais subseqüente, seja pelo incremento tecnológico, seja pelo investimento maciço de capital.

Essas duas situações históricas concomitantes constituíram séria derrota para o movimento operário e, conseqüentemente, períodos de acumulação prévia de capital. O *quantum* de mais-valia absoluta extraído nas condições do fascismo e da economia de guerra, articulado ao método predominante no capitalismo tardio, a extração da mais-valia relativa, são elementos que estão na raiz desse novo fôlego do capital. Tais condições

> "[...] tornaram possível uma expansão radical na taxa de mais-valia e uma erosão radical no valor da força de trabalho,

objetivos que se haviam revelado impossíveis de assegurar nas condições 'pacíficas' e 'normais' vigentes após a Primeira Guerra Mundial, devido ao grande aumento da capacidade de luta do proletariado sob a influência da Revolução Russa e da vaga internacional de explosões revolucionárias" (Mandel, 1982:119).

Elemento essencial para a compreensão da concepção mandeliana do capitalismo tardio é a chamada *terceira revolução tecnológica*, que propicia tanto o incremento da mais-valia relativa quanto o ressurgimento do exército industrial de reserva. Segundo o autor, se essa última tendência engendra superlucros iniciais, dada a contenção dos salários que provoca, por outro lado, coloca novas contradições, sobretudo o fenômeno do desemprego, já que um certo *papel civilizatório do capital* inclui o trabalhador enquanto consumidor.

Ao examinar a natureza específica da terceira revolução tecnológica, e, mais exatamente, as diferenciações dos níveis de produtividade que geram os superlucros e sua articulação com a mudança da estrutura global da produção no Departamento I, Mandel recupera a análise de Lenin (1987) acerca do processo de monopolização do capital e de sua fase imperialista. Segundo Mandel,

> "A penetração maciça de capital no Departamento I criou locais de produção que deviam operar com instrumentos ciclópicos de produção e, conseqüentemente, volumes ciclópicos de capital. Houve um crescimento enorme no mínimo de capital requerido para se poder competir nesse campo" (1982:132).

O processo de consolidação dos trustes e cartéis, cuja formação já vinha ocorrendo desde o início do século, vincula-se à intensa espoliação da força de trabalho nos períodos do fascismo e da guerra, como já se viu. Porém, concretizando ainda mais essa passagem do imperialismo para o capitalismo tardio, o autor inclui outros elementos. A contração do mercado capitalista mundial, fruto da revolução na URSS, e a sub-acumulação nas metrópoles, somados à monopolização da produção de matérias-primas nas colônias, ensejaram um capital ocioso e uma queda da taxa de lucros. A generalização da segunda revolução tecnológica, para além do Departamento I, cria um novo setor de bens de consumo duráveis e aumenta consideravelmente a composição orgânica do capital, o que leva à queda da taxa de lucros. Esse conjunto de fatores em curso, ao cabo do período de estagnação (1914-39), dará lugar à pressão pela elevação da taxa de lucros, delineada sob quatro formas, que permitirão a *terceira onda com tonalidade expansionista* (1945-70). São elas: aumento imediato da taxa de mais-valia (fascismo e guerra); valorização do capital excedente por intermédio do rearmamento; diminuição do custo do capital constante fixo e circulante; e redução radical dos custos salariais no valor das mercadorias, por meio da automação.

Há uma tendência à mecanização crescente, o que gera um nivelamento geral da produtividade média do trabalho nas mais importantes esferas da produção. Como fica, então, a extração de superlucros nesse quadro? As diferenças regionais ou internacionais, embora ainda sejam fontes de superlucros, não são as principais. Tal extração vai se dar pela busca contínua de rendas tecnológicas derivadas da monopolização do progresso técnico. Nesse sentido, a forma predominante das contradições econômicas do capitalismo tardio é a *superprodução latente de meios de produção*, direcionada à diminuição dos custos salariais diretos. Em função disso, emerge a discussão acerca da automação que, a partir de meados dos anos 50, estará se difundindo nos diversos ramos da produção, implicando, evidentemente, nova tendência de queda da taxa de lucros.

O autor destaca algumas características da terceira revolução tecnológica: o deslocamento do trabalho vivo pelo trabalho morto; a perda ainda maior da importância do trabalho individual a partir de um amplo processo de integração da capacidade social de trabalho; a mudança na proporção de funções desempenhadas pela mercadoria força de trabalho no processo de valorização, de criar e preservar valor; mudanças nas proporções entre criação de mais-valia na própria empresa e apropriação de mais-valia gerada em outras empresas; aumento do investimento no item equipamentos; diminuição do período de produção e circulação, objetivando um prazo de rotação menor para o capital; aceleração da inovação tecnológica com fortes investimentos em pesquisa; vida útil mais curta do capital fixo e conseqüente tendência ao planejamento; e composição orgânica mais alta, com aumento do valor da parte constante no valor da mercadoria. Assim,

> "O resultado conjunto dessas principais características econômicas da terceira revolução tecnológica é uma tendência à intensificação de todas as contradições do modo de produção capitalista: a contradição entre a socialização crescente do trabalho e a apropriação privada; a contradição entre a produção de valores de uso (que chega a níveis incalculáveis) e a realização de valores de troca (que permanece atrelada ao poder de compra da população); a contradição entre o processo de trabalho e o processo de valorização; a contradição entre a acumulação de capital e sua valorização, e tudo o mais que se segue" (Mandel, 1982:138-9).

Um elemento central para a compreensão do capitalismo tardio é a superposição entre automação total e parcial como forma de extração dos superlucros, nos marcos do aprofundamento das contradições do capitalismo. No entanto, há nesse aspecto um verdadeiro nó referente à realização da mais-valia produzida, já que a esse processo segue o desemprego. Mandel sinaliza a incompatibilidade entre capitalismo e automação, à medida que o trabalho vivo gera valor e o nivelamento e aumento da composição orgânica do capital levam à baixa da taxa de lucros. A longo prazo, a existência do capitalismo entra em contradição com suas tendências de desenvolvimento.

Porém o autor não se permite enveredar pelo catastrofismo e finalismo históricos.[9] Embora considere que a automação seja a "quintessência objetivada das antinomias inerentes ao modo de produção capitalista", Mandel critica resolutamente

9. Este *não* é o caso de Paul Mattick, que dirige uma dura crítica a Mandel. O autor de *A inevitabilidade do comunismo* (in: 1977), cujo título guarda forte naturalização do processo social, não consegue realizar uma análise convincente em relação à produção mandeliana.

as interpretações mecanicistas e estruturalistas das palavras de Marx na *Crítica da economia política* (1988):

> "Parece bastante evidente que a frase 'todas as forças produtivas para as quais ela é suficientemente desenvolvida' na realidade não é mais do que uma repetição da sentença inicial; em outras palavras, baseia-se na afirmação de que chega um momento em que o desenvolvimento das forças produtivas entra em contradição com as relações de produção existentes. Desse ponto em diante, a sociedade capitalista já desenvolveu todas as forças produtivas 'para as quais ela é suficientemente desenvolvida'. Todavia, isso não implica absolutamente que, a partir de então, qualquer desenvolvimento adicional se torne impossível sem a derrubada desse modo de produção; significa apenas que, desde essa época, as forças de produção ulteriormente desenvolvidas entrarão em contradição cada vez mais intensa com o modo de produção existente e favorecerão sua derrubada" (1982:152).

Portanto, por um lado é clara sua preocupação de combater o fatalismo, e por outro reafirmar o limite histórico da *onda longa de tonalidade expansionista*, em razão das múltiplas determinações citadas. Nessa direção, Mandel aponta o declínio da sociedade burguesa e *atualiza o significado da opção entre "socialismo ou barbárie"*, colocando esta última possibilidade objetiva em meio à dinâmica do desperdício e destruição que acompanham o desenvolvimento potencial das forças produtivas a partir da maturidade do mundo do capital.

Mandel põe-se, então, a discutir as conseqüências de um aspecto da terceira revolução tecnológica para o capitalismo como um todo, qual seja, a *redução do tempo de rotação do capital fixo*. A vida do capital fixo é marcada pela incessante busca de rendas tecnológicas. Reduzindo o tempo de rotação do capital fixo, provoca-se também uma diminuição da rotação do capital circulante, uma intensificação da produtividade do trabalho e, ainda, uma compressão do tempo de reprodução da força de trabalho (consumo).

Aprofunda-se, dessa forma, o caráter aleatório do capitalismo, ou melhor, *aumentam os riscos e incertezas dos inves-*

timentos, que passam a exigir enormes montantes de capital. Diante disso, colocam-se algumas tendências visando à contraposição dos riscos, como: a planificação de custos nas empresas, a planificação dos investimentos em pesquisa e desenvolvimento e o planejamento de investimentos gerais e dos custos de todos os elementos de produção. Há também no capitalismo tardio forte investimento em análise de mercado e pesquisa, na tentativa de manipulação do consumo para evitar a superprodução. Um ator decisivo nesse processo é o *Estado*, que entra em cena, como veremos, enquanto *capitalista total ideal*, garantindo o lucro por intermédio de contratos com a iniciativa privada, e uma série de intervenções incluídas sob a rubrica do planejamento indicativo, este último configurando pressão sobre as empresas no sentido da programação econômica. No entanto, a programação nos marcos da propriedade privada e da economia mercantil vem carregada de incertezas, já que parte, no máximo, de perspectivas de produção autônomas das companhias. Uma série de fatores, balizados pela concorrência intercapitalista, termina por dificultar e limitar sobremaneira essa tendência, particularmente se se considera a dinâmica internacional do modo de produção capitalista.

Articulada à limitada e incerta programação econômica, emerge a *programação social*. Trata-se de um conjunto de mecanismos para prever e controlar os custos salariais, que incluem experiências de acordo coletivo e políticas governamentais de renda. Para Mandel, ambas as propostas tornam-se uma falácia para os trabalhadores. O acordo compromete a luta sindical em momentos favoráveis para a ampliação dos rendimentos; e a indexação e demais políticas de rendimentos são praticamente inviabilizadas pela incapacidade de garantir o controle de preços. Sobre a relação com a força de trabalho nesse contexto, ocorre muitas vezes ou a cooptação das burocracias sindicais e/ou a limitação legal e controle sistemático das iniciativas de luta dos trabalhadores, a partir da restrição das liberdades democráticas.

As *programações econômica e social* são, pois, conseqüências de uma aceleração de conjunto do processo de produção capitalista, fruto da redução do tempo de rotação do capital fixo, que se articula com uma forte aceleração da inovação tecnológica no capitalismo tardio. Esta última tendência é o corolário da aplicação sistemática da ciência à produção:

> "A situação na qual 'todas as ciências foram forçadas a se colocar a serviço do capital' e na qual a invenção torna-se um ramo dos negócios, enquanto a aplicação da ciência à produção direta determina as invenções e simultaneamente as solicita só encontra sua aplicação específica na fase do capitalismo tardio" (1982:176).

Em que pese sua afirmação anterior, Mandel distingue as tendências de desenvolvimento do trabalho intelectual da inovação tecnológica, já que essa relação não é imediata. Há separação organizacional e autonomização relativa entre a produção e a reprodução, em que se inclui a formulação do incremento tecnológico. Ele aponta o caráter produtivo do investimento em pesquisa, tendo em vista as rendas tecnológicas, uma vez que esse processo de produção reúne os mesmos elementos da produção de mercadorias em geral. Porém não deixa de sublinhar a grande incerteza que cerca esse ramo da produção, haja vista sua especificidade.

Coerentemente, Mandel ressalta que as condições de valorização do capital se sobrepõem aos desenvolvimentos na área da ciência e tecnologia. Em certo momento, portanto, haverá uma contenção no incremento tecnológico, tendo em vista não aprofundar a queda da taxa de lucro. Em função disso, impõem-se algumas mediações entre o momento da invenção e o da inovação tecnológica.

Neste passo, faz referência *ao vasto acréscimo na demanda de força de trabalho intelectual altamente qualificada,* cujo maior indicador é a ampliação do ensino de terceiro grau em moldes que rompem com a universidade humanista clássica. Esta última entra em crise por razões formais e também diretamente econômicas. Há a introdução, em larga escala, de trabalho intelectual na esfera produtiva no capitalismo tardio, que vai exigir uma nova universidade, tecnocrática e lucrativa:

> "Ciência aplicada, especializada e submetida à divisão capitalista do trabalho-ciência fragmentada, subordinada à maximização dos lucros pelos monopólios: tal é o grito de guerra do capitalismo tardio para a educação superior" (1982:185).

A partir disso, no entanto, surge uma nova contradição, expressão da antinomia maior do capitalismo: a ciência, prisioneira das transações de lucro, quer transpor esses limites. A contradição entre a ampliação da riqueza social e das possibilidades humanas, e o trabalho alienado, empobrecido, parcializado torna-se mais e mais evidente. Essa base sócio-econômica está, por exemplo, na raiz das mobilizações dos estudantes em fins da década de 60.[10]

Mandel faz algumas considerações que contribuem para o entendimento do *Serviço Social*, entre outras profissões envolvidas nas tarefas de *controle sistemático da reprodução.*[11] Este processo corresponde à integração crescente do trabalho intelectual nas instituições superestruturais e na administração das forças de produção, nas quais se dá a administração da força de trabalho. Embora, dentro de uma perspectiva de totalidade, o autor não separe os momentos da produção e reprodução, ele resgata as suas especificidades, que têm repercussões importantes na configuração e inserção específicas de cada profissão. Vejamos:

> "Tais diferenças não podem ser reduzidas à distinção entre os indivíduos ou grupos cuja existência material se baseia na criação de mais-valia e aqueles que recebem rendas provenientes da mais-valia, ainda que essa linha divisória sem dúvida alguma desempenhe um papel na determinação do interesse social de cada setor específico da força de trabalho intelectualmente qualificada. No entanto, a distinção decisiva se prende mais

---

10. Sobre a interpretação mandeliana acerca da crise da universidade humanista clássica, do papel social do movimento estudantil, e das mobilizações que marcaram o ano de 1968, recorrer às seguintes obras: *Os estudantes, os intelectuais e a luta de classes* e *Da comuna a maio de 68*, ambos publicados em Lisboa, pela Editora Antídoto.

11. Aqui, pode-se encontrar contribuições para o recente debate da revisão curricular no Serviço Social.

ao efeito estrutural que a posição específica de cada grupo determinado na esfera da produção, administração ou superestrutura exerce sobre a formação da consciência de cada um desses grupos" (1982:186).

Mandel aponta a tendência à criação de vínculos de identidade de grande parcela desses profissionais com os interesses de classe do proletariado. Por outro lado, a rebelião estudantil de fins da década de 60 é apresentada como um indicador desse processo, à medida que um dos eixos da luta dos estudantes foi a crítica do caráter anticientífico do excesso de especialização, apoiada aquela na idéia de que "os esforços para ultrapassar a 'idiotia' dos peritos implicam o empenho no sentido da compreensão da sociedade como um todo".

Um elemento central na reflexão mandeliana é a percepção da *origem militar das inovações tecnológicas*. Para o autor, essa fonte relativamente extra-econômica, associada à chamada *Guerra Fria*, constitui verdadeiro sustentáculo para o capitalismo tardio, dando ensejo à revolução tecnológica permanente, cujas repercussões vêm sendo analisadas no decorrer deste texto. O autor lembra que as guerras sempre foram um componente importante para a acumulação capitalista. Porém a ampliação dos orçamentos dos Estados, por intermédio de itens bélicos, em que boa parte do rendimento nacional passa a ter esta destinação, é um indício de uma nova qualidade desse setor em termos econômicos, com as devidas articulações sociais e políticas que daí derivam. O gasto militar configura uma importante via de subsídio estatal do lucro, na qual seqüências inteiras de ramos industriais funcionam por meio de encomendas estatais. Trata-se também do incremento da pesquisa no âmbito público, evitando riscos para o setor privado. O *complexo industrial-militar* é uma marca e via de sustentação do capitalismo tardio, compondo, com outras iniciativas a partir do Estado, o arcabouço de medidas anticíclicas, sob a justificativa da segurança nacional ou segurança do "mundo livre".

Contudo, esse vultoso gasto do Departamento III, onde são produzidas mercadorias que não entram no processo de reprodução dos elementos materiais de produção, ou mesmo que não são intercambiáveis com esses elementos, tem conseqüências contraditórias para a acumulação capitalista. Se, por um lado, é um gasto anticíclico, por outro cria-se um resíduo invendável de bens de consumo, dependente de situações específicas de guerra, nas quais essa produção é escoada. Deve-se considerar também a possibilidade de esgotamento do investimento do capital excedente nesse setor, que exige enormes quantias. Tem-se, então, os limites da economia armamentista:

> "a longo prazo a economia armamentista permanente não pode resolver nenhuma das contradições básicas do modo de produção capitalista, e não pode eliminar nenhuma das forças que levam à crise inerente desse modo de produção. Mesmo o amortecimento temporário dessas contradições e dessas forças que levam à crise só ocorre às expensas de sua transferência de uma esfera a outra — sobretudo de superprodução efetiva à inflação e à capacidade ociosa" (Mandel, 1982:216).

Outra característica importante do capitalismo tardio é a predominância da *empresa transnacional* enquanto forma do grande capital. Esta característica é engendrada a partir de algumas tendências: a compulsão à integração vertical; autofinanciamento e supercapitalização; especialização crescente dos produtos; tendência à exportação de capitais, em vez de mercadorias; e especialização e racionalização do controle do capital. A partir daí há a enorme centralização do capital, que se expressa: na internacionalização da realização e produção de mais-valia; na internacionalização da compra da mercadoria força de trabalho; e na internacionalização do controle do capital.

Ao discutir as ondas longas de crescimento e estagnação, e os movimentos do capital nos dois últimos séculos, que vão do *laissez-faire*, passam pelo imperialismo clássico e chegam ao capitalismo tardio, Mandel reafirma seguidas vezes a necessária superposição entre desenvolvimento e subdesenvolvimento, sinalizando que o diferencial internacional da produtividade é uma característica central do capitalismo moderno. No entanto, a forma que essa superposição assume em cada período é diferenciada. O imperialismo é caracterizado por uma extração direta dos superlucros nas colônias e semicolônias. No capitalismo tardio, ocorre o fenômeno do *neocolonialismo*, em que a troca desigual é a principal forma de exploração do Terceiro Mundo, e a produção direta de superlucros tem papel secundário. Essa mudança se combina a transformações estruturais e superestruturais no período, e a dominação indireta das colônias aparece não apenas como resposta tática aos movimentos de libertação nacional nas colônias, mas como um movimento orgânico do capital que demanda uma nova divisão internacional do trabalho. Assim, as *joint ventures* aparecem como um traço importante desse processo típico do capitalismo tardio.

Ao aplicar a lei do valor-trabalho aos mecanismos de comércio exterior, Mandel volta a criticar qualquer hipótese de nivelamento internacional das taxas de lucro, sustentando que a base da troca é o desenvolvimento também desigual da produtividade do trabalho, no qual os diferenciais de salário e a tecnologia obsoleta ocupam papel central.

> "Só se houvesse uma homogeneização geral da produção capitalista em escala mundial é que as fontes de superlucros secariam. Sem essa homogeneização, tudo o que muda é a forma do subdesenvolvimento, não o seu conteúdo" (1982:259).

Este conteúdo é de crise social e subnutrição permanentes nesses países, acrescido do problema das dívidas externas que constituem verdadeiro *déficit* crônico nas suas balanças de pagamentos.

Acrescentando mais alguns elementos à discussão da totalidade viva e complexa do capitalismo tardio, o autor passa a ponderar acerca do papel e significado da forte expansão do *setor de serviços*. Argumenta que o modo de produção capitalista implica um desenvolvimento constante da divisão social do trabalho, que nasce da separação da agricultura em relação à produção artesanal (cidade e campo) e se desdobrará na divisão entre os dois departamentos (bens de consumo e meios de produção).

No capitalismo tardio, principalmente na sua fase de expansão, há uma crescente industrialização da agricultura e, conseqüentemente, especialização maior da força de trabalho nesse setor. Trata-se, segundo o autor, de uma verdadeira tendência ao desaparecimento da renda da terra capitalista. Tal nível de desenvolvimento das forças produtivas no campo e na cidade, que acarreta crescente socialização objetiva do trabalho, levará a uma ampliação das funções intermediárias, como um setor independente, absorvendo a mão-de-obra liberada. No limite, há uma clara tendência à industrialização de todos os setores. Para Mandel,

> "Longe de representar uma 'sociedade pós-industrial', o capitalismo tardio constitui uma industrialização generalizada universal pela primeira vez na história. A mecanização, a padronização, a superespecialização e a fragmentação do trabalho, que no passado determinaram apenas o reino da produção de mercadorias na indústria propriamente dita, penetram agora todos os setores da vida social" (1982:271).

A industrialização da esfera da reprodução representa o ápice desse processo, o qual assinala uma característica central do capitalismo tardio: a *supercapitalização*. Considerando que há uma dificuldade crescente de valorização do capital social, este começa a penetrar em setores não-produtivos (que não produzem mais-valia). No entanto, esse investimento, indiretamente, pode aumentar a massa de mais-valia nas seguintes circunstâncias: assunção parcial de funções produtivas (exemplo: transportes); aceleração do tempo de rotação do capital produtivo circulante (exemplo: crédito); redução dos custos indiretos da produção (infra-estrutura); ampliação dos limites da produção de mercadorias a partir da substituição de serviços individuais por mercadoria (exemplo: substituir a faxineira por aspirador de pó, enceradeira, máquina de lavar etc.). Nessa última situação, o fenômeno da supercapitalização favorece claramente o capital monopolista, cuja capacidade de investimento na inovação de mercadorias é muito maior.

A supercapitalização também gera a tendência à diferenciação do consumo da classe operária, ou seja, cabe estimular necessidades de consumo, tendo em vista a realização do valor das mercadorias produzidas. Por outro lado, o "arrocho salarial" é um componente decisivo na garantia do lucro. Nesse sentido, desagrega-se o núcleo familiar da classe trabalhadora, cujos componentes são absorvidos pelo mercado de trabalho (a dona de casa, por exemplo), e cujas tarefas anteriores são cumpridas por máquinas. Há, também, uma privatização da esfera do lazer e da cultura, quebrando experiências coletivas da classe trabalhadora. Por fim, há uma verdadeira redução do período de consumo das mercadorias. Todas essas características levam à idéia da *sociedade de consumo*.[12]

Aqui, Mandel desenvolve uma polêmica muito interessante, dizendo que se deve negar a sociedade de consumo, que, como forma de restrição ao desenvolvimento do homem, torna-o mesquinho e unilateral. Porém, sabe-se que há nesse processo uma ampliação genuína das necessidades, o que revela a paradoxal função civilizatória do capital. Essa contradição, portanto, é mais uma expressão da clássica antinomia entre o desenvolvimento das forças produtivas e as relações de produção. Acrescente-se também o grande desperdício de capital que marca esse processo e tem-se que:

> "A expansão do setor de serviços capitalistas que caracteriza o capitalismo tardio resume, portanto, à sua própria maneira, todas as principais contradições do modo de produção capitalista, reflete a enorme expansão das forças produtivas sociotécnicas e científicas e o crescimento correspondente das necessidades culturais e civilizadoras dos produtores, exatamente como reflete a forma antagônica em que essa expansão se realiza sob o capitalismo: pois ela se faz acompanhar de uma supercapitalização crescente (dificuldades de valorização do capital), de dificuldades crescentes de realização, de desperdício crescente de valores materiais e de alienação e deformação crescentes dos trabalhadores em sua atividade produtiva e em seu âmbito de consumo" (1982:282).

---

12. As práticas econômicas "dissipadoras" e destrutivas relacionadas à taxa de uso decrescente dos bens e serviços produzidos nessa fase do desenvolvimento capitalista são analisadas por Mészáros (1989).

Assim, ao mesmo tempo que o capital ocioso é investido em serviços, estes são transformados em mercadorias, o que indica, mais uma vez, o senso de otimização dos lucros, com o aproveitamento e mercantilização de condições e situações antes imersas na esfera privada e banalizadas pelo cotidiano. Trata-se de um movimento de expansão e restrição simultâneo, que corrobora para o encurtamento da capacidade de trabalho e consumo da classe operária. Eis mais um aspecto da irracionalidade do capitalismo, aprofundada em sua fase tardia.

Outra característica importante do capitalismo tardio é a *inflação permanente*. A expansão do crédito e das medidas anticíclicas por intermédio do poder público (produção de armamentos, políticas sociais etc.) e do setor de serviços vão impor a emissão de papel-moeda para além do lastro de ouro. Dessa forma, assegura-se o volume de capital *fictício* para evitar as crises de superprodução. A inflação permanente no capitalismo tardio cumpre alguns objetivos, como: ocultar a redução do valor das mercadorias; facilitar a acumulação de capital; dissimular a alta da taxa de mais-valia; e resolver temporariamente as dificuldades de realização por meio da expansão do crédito. No entanto, no contexto do ciclo industrial do capitalismo tardio, a inflação pode se tornar galopante, à medida que se colocam limites à emissão de dinheiro e expansão do crédito. O grande administrador do conjunto desses processos do capitalismo tardio é o Estado.

Para ele, o Estado é produto da divisão social do trabalho, ou seja, à medida que esta se complexifica, cria-se uma demanda por certas atividades superestruturais, mediando a produção material. Como os processos automáticos da economia não conseguem reproduzir e proteger a estrutura social, emerge o Estado, que teria três funções específicas: garantir as condições gerais de produção, reprimir as ameaças e integrar as classes dominadas. Mandel sinaliza que o papel coercitivo foi claramente examinado pelo marxismo clássico. Por outro lado, as medidas integradoras ou de consenso também foram estudadas com atenção (por Gramsci, em particular). Contudo, o marxismo deteve-se pouco na função de "providenciar as condições gerais de produção", desafio este que ele abraça, avançando algumas idéias a respeito desse aspecto do fenômeno estatal:

> "Esse domínio funcional do Estado inclui essencialmente: assegurar os pré-requisitos gerais e técnicos do processo de produção efetivo (meios de transporte ou de comunicação, serviço postal etc.); providenciar os pré-requisitos gerais e sociais do mesmo processo de produção (como, por exemplo, sob o capitalismo, lei e ordem estáveis, um mercado nacional e um estado territorial, um sistema monetário); e a reprodução contínua daquelas formas de trabalho intelectual que são indispensáveis à produção econômica, embora elas mesmas não façam parte do processo de trabalho imediato [...]" (1982:334).

Antes de explicitar melhor sua análise, Mandel faz um breve retrospecto sobre o papel do Estado desde sua origem, passando pelos vários momentos do desenvolvimento do capitalismo, até o capitalismo tardio. Tal como Engels (1984), ele indica a coincidência da origem do Estado e da propriedade privada a partir de uma separação nesse momento entre as esferas privada e pública da sociedade. O Estado é mais antigo que o capital, ou seja, foi demandado no sentido de proteger e administrar, de acordo com interesses privados, o sobreproduto social. O Estado, em seus primórdios, é eminentemente despótico e, por muito tempo, foi um meio de obstrução às relações capitalistas nascentes (os confiscos, por exemplo). Daí que o processo conhecido por acumulação primitiva do capital constituiu um movimento verdadeiramente intestino e secular:

> "Apenas depois que a acumulação primitiva da usura e do capital mercantil alcançou certo grau de maturidade, alterando de maneira fundamental as relações entre as antigas e as novas classes proprietárias e solapando as formas tradicionais de dominação política por meio da expansão do capital-dinheiro, é que o próprio Estado tornou-se mais explicitamente um instrumento da acumulação progressiva de capital e o parteiro do modo de produção capitalista" (1982:335).

Portanto, o Estado burguês, ainda que seja um produto direto do Estado absolutista — o parteiro —, é também sua negação, na medida em que caem as amarras extra-econômicas e despóticas que impediam o desenvolvimento do capitalismo, com base em relações "livres" de troca. No capitalismo de livre-concorrência, um Estado "mínimo", fraco, é indício de uma burguesia forte, com grande capacidade de direcionar o processo econômico/político, a partir de sua influência na sociedade civil. Um aparato administrativo forte, nesse momento, apontava uma burguesia mais frágil econômica e politicamente. No entanto, tendo como móveis a concorrência intercapitalista e a concentração de capital, com a formação dos monopólios, vai se tornando difícil uma representação dos interesses gerais do capital por capitalistas que operam individualmente:

> "A concorrência capitalista determina, assim, inevitavelmente, uma tendência à autonomização do aparato estatal, de maneira a funcionar como um capitalista total ideal" (Mandel, 1982:336).

Essa autonomia do *capitalista total ideal* é relativa, na medida em que todas as decisões a este nível afetam o conjunto dos capitalistas individuais, que passam a se organizar politicamente para garantir seus interesses no nível da superestrutura. Aqui, Mandel faz uma interessante discussão sobre o Parlamento, melhor dizendo, sobre as razões que levam a república parlamentar burguesa a ser a forma ideal do *Estado burguês clássico*. O Parlamento é um verdadeiro centro de negociações entre os interesses do capital em geral, especialmente no capitalismo *laissez-faireano*.

Como já foi apontado, os processos que levarão ao capitalismo dos monopólios e ao imperialismo decorrente demandarão uma nova atitude da burguesia diante do Estado.[13] Nesse momento, há uma forte ampliação da intervenção dos poderes públicos na vida econômica e social. É necessário produzir armamentos para defender interesses imperialistas específicos diante dos rivais e das colônias, além de proporcionar mais uma fonte de acumulação. São necessários mecanismos

13. Como afirma Netto (1991): "[...] com o ingresso do capitalismo no estágio imperialista, esta intervenção muda funcional e estruturalmente".

mais eficazes de integração da classe operária, agora organizada em fortes partidos de massa que pressionam pela socialização da política e da economia.

Com a entrada de representantes da classe trabalhadora no Parlamento, este perde, em parte, seu conteúdo anterior: as grandes decisões são transferidas gradualmente para os altos escalões da administração estatal. Amplia-se a legislação social, com o intuito de, por um lado, amortecer a luta dos trabalhadores, e, por outro, garantir as condições gerais da produção, assegurando a reconstituição física da força de trabalho. Esta ampliação significou, segundo Mandel, uma "redistribuição considerável do valor socialmente criado em favor do orçamento público", em face das condições gerais de produção e reprodução do capital em seu estágio monopolista. No entanto, isso não pode se transformar em sustentação de raciocínios reformistas[14] que extrapolam essa tendência supostamente "redistributiva", tendo em vista a destinação prioritária desse orçamento, marcada por forte privatização do público, como bem demonstra O'Connor no capítulo 3.

No estágio tardio do capitalismo monopolista, vai se dar uma expansão ainda maior dessas funções. A redução do tempo de rotação do capital fixo, fruto da revolução tecnológica permanente (que se articulam com a Guerra Fria e a corrida armamentista), e o conseqüente aumento dos riscos no processo de produção vão exercer forte pressão para que o Estado assuma um papel decisivo. Aumentam os instrumentos de planejamento econômico e a socialização dos custos (riscos e perdas) a partir do Estado. Essa última forma é muito importante: trata-se das mais variadas maneiras de subsidiar a acumulação do capital.

---

14. O que é reformismo? Trata-se de um conjunto de argumentos e proposições que preconizam algumas reformas dentro dos marcos da ordem burguesa; ou ainda, que vislumbram a superação de tal ordem a largo passo (raciocínio que, em geral, vem associado às etapas), o que opera um corte entre "programas mínimos" imediatos e proposições estratégicas. Esta segunda variante do reformismo tem justificado um sem-número de estratégias equivocadas e/ou oportunistas de segmentos "socialistas". Para uma caracterização mais precisa e, certamente, crítica, ver Luxemburg (1975) e Mandel (1978).

Na perspectiva de evitar a todo custo uma crise de superprodução com as mesmas características catastróficas daquela ocorrida em 1929, o Estado vai incorporar o papel de administrador das crises, desencadeando uma série de medidas anticíclicas ou anticrises. Aqui, ao lado de outros elementos, as políticas sociais desempenham um papel relevante:

> "A pressão geral no sentido de um controle maior de todos os elementos do processo produtivo e reprodutivo, quer diretamente exercido pelo capital ou indiretamente pelo Estado capitalista tardio, é uma conseqüência inevitável da dupla necessidade de evitar que as crises sociais ameacem o sistema e de proporcionar garantias econômicas ao processo de valorização e acumulação do capitalismo tardio" (Mandel, 1982:341).

A burguesia, diante da experiência de 1929, passa a desconfiar do automatismo do mercado, o que não significa assumir um discurso e uma prática estatizantes. Na verdade, a dinâmica estatização/privatização decorre da correlação de forças entre as classes sociais e também dos interesses intercapitalistas.[15] Pois bem: há, no chamado capitalismo tardio, uma verdadeira hipertrofia dos orçamentos, além de uma autonomização (sempre relativa) do Estado, visando criar as contratendências necessárias às crises. Comparando, a partir do PIB, a Alemanha Federal e os EUA, evidencia-se essa hipertrofia: em 1913 os gastos públicos na RFA ocupavam 15,7% do PIB, enquanto em 1969 passaram a ocupar 42,5%; nos EUA, em 1913, os gastos públicos ocupavam 7,1% do PIB, enquanto em 1970 passaram a ocupar 33,2%. No entanto, do ponto de vista das classes dominantes, esta verdadeira nacionalização de parte do capital só faz sentido se gera um aumento da taxa de lucros. Portanto, a maior parte desse capital torna-se o *pressuposto do capital em geral*, enquanto há uma redistri-

---

15. Como sinaliza Francisco de Oliveira (1984), referindo-se ao processo brasileiro, em meados dos anos 60: "[...] não há capitalismo monopolista sem o Estado, sem a estatização, sem a conversão dos fundos públicos numa espécie de pressuposto geral do capital. A estatização a que se opunha o capital estrangeiro era a estatização que se fazia contra os seus interesses".

buição horizontal e limitada na forma de salários indiretos. Aqui, Mandel faz referência à contribuição de James O'Connor[16] sobre a crise financeira endêmica do Estado capitalista tardio, quando se abre a onda de estagnação do capital, a partir de 1973.

Um dos momentos mais interessantes desse texto é quando Mandel discute a "reprivatização" do Estado, ou seja, as articulações complexas entre os interesses do capital em geral e dos capitalistas individuais no interior do aparato estatal. Essa abordagem desmistifica sobremaneira quaisquer ilusões ou mitos de um Estado árbitro (como aparece no discurso liberal) ou, ainda, de uma autonomização excessiva. Ele argumenta que:

> "[...] a crescente função econômica do Estado do capitalismo tardio na centralização e redistribuição de parcelas do excedente social torna a influência sobre suas decisões um objetivo cada vez mais imediato para todos os grupos de capitalistas, e mesmo para capitais individuais" (1982:343).

Há um deslocamento de decisões estratégicas das instâncias clássicas (Parlamento) para outras instâncias "administrativas". Quando a classe trabalhadora entra em cena, na luta, ou por intermédio dos seus parlamentares, certas decisões são tragadas pelo discurso tecnocrático que reveste todo esse processo e enviadas para os altos escalões executivos do governo, onde a "privacidade" está mais bem assegurada. As atividades dos *gestores-técnicos* adquirem grande relevância, à medida que o Estado altera sua função na divisão social do trabalho, e isso vai ter forte repercussão, por exemplo, quando da formulação e execução de políticas sociais.

Além da influência direta, por meio de técnicos de confiança, formados em escolas fidedignas, há os grupos de pressão da classe capitalista. Após a última Constituinte no Brasil, o termo *lobby* tornou-se corrente no vocabulário. Esse é um exemplo da forma pela qual as classes, particularmente a

16. Ver Capítulo 3.

burguesa, se organizam para pressionar. O autor faz uma distinção entre as organizações patronais que representam pequenas e médias empresas e os monopólios. Estes últimos, dado seu poder financeiro e econômico, intervêm direta e concretamente nas decisões do Estado. Nesse intrincado jogo de forças se coloca também, mas em outros termos, a classe trabalhadora, pois as decisões levam em conta as ameaças ao regime. Enfim,

> "O resultado nem sempre é necessariamente o consenso, mas será uma decisão que reflete os interesses de classe da burguesia no sentido de promoção e consolidação das condições gerais de valorização do capital, embora possa ao mesmo tempo arriscar interesses particulares, mesmo de frações importantes da classe burguesa" (Mandel, 1982:344).

Quando se trata de decisões estratégicas básicas, alguns processos movem-se por fora das instâncias oficiais, mediados por *fundações*, *grupos de trabalho* ou de *planejamento político*, que envolvem técnicos e especialistas vinculados ao Estado ou não, que irão formular sugestões. Aqui, há uma verdadeira simbiose entre os empresários e os mais altos funcionários do governo.

Existem também formas concretas de influenciar e direcionar o comportamento estatal, como, por exemplo, a dominação financeira e econômica da máquina estatal, que se manifesta por meio da dependência daquela em relação aos créditos bancários. Também constitui expressão desse controle a organização hierárquica do Estado, onde os funcionários mais graduados, que ocupam cargos de direção e chefia, são em geral de origem burguesa. Mandel cita estudos empíricos que indicam essa tendência. Portanto, a tese sustentada pelo autor é a de que *o Estado capitalista tardio é ator decisivo, nodal, no cenário da acumulação capitalista, fato do qual decorre sua sutil e sofisticada instrumentalização direta ou indireta.* Diante da refinada capacidade de integração da classe trabalhadora, que leva às várias formas de ilusão reformista, Mandel aponta que:

"Simbioses com o aparelho capitalista de Estado, realizadas por meio de numerosos comitês mistos, arrastam quadros dirigentes dos partidos de massa da classe operária e dos sindicatos à conformidade com o sistema, quando não ao conluio direto com o capitalismo tardio. A rigorosa utilização do Estado burguês como arma dos interesses de classe dos capitalistas é escondida tanto dos atores quanto dos observadores e vítimas dessa tragicomédia pela imagem mistificadora do Estado como árbitro entre as classes, representantes do 'interesse nacional', juiz neutro e benevolente dos méritos de todas as forças 'pluralistas'" (1982:347).

Mandel critica os limites da democracia liberal burguesa, argumentando que a consciência da classe operária só é obtida no exercício da luta coletiva, e que, portanto, a participação apenas pelo voto universal significa a máxima fragmentação, individualização e atomização da intervenção das massas. Ele lembra que, a partir da entrada em um período de estagnação do capital, pode haver uma tendência à restrição das liberdades democráticas como fruto da crise. Na verdade, Mandel procura resgatar o caráter estruturalmente conservador do Estado burguês.[17]

Um substrato importante, no sentido de criar contratendências e retardar o aprofundamento do conjunto das contradições do capitalismo tardio, é a *ideologia*, cuja forma específica nesse período configura-se na crença na onipotência da tecnologia, nas vantagens da organização e nas soluções técnicas. Dessa forma, estariam eliminadas as possibilidades de crise. Nas camadas intelectuais, essa ideologia ganha a forma do estruturalismo estático, onde a sociedade aparece organicamente articulada em sua racionalidade funcional. A ideologia da racionalidade tecnológica possui algumas proposições próprias,

---

17. Portanto, discorda de caracterizações do Estado em que basta uma alteração da correlação de forças no plano político para promover alterações significativas do seu papel social. Para uma crítica de tais concepções, consultar Mandel (1978), onde se evidencia que a subida ao poder de segmentos socialistas e comunistas na Europa Ocidental não foi capaz de evitar políticas econômicas de austeridade antipopulares e antidemocráticas.

tais como: o poder autônomo e invencível do desenvolvimento técnico e científico; a secundarização das visões tradicionais de mundo e a desideologização; a máxima de que o sistema social não pode ser desafiado devido a sua racionalidade, da qual decorre que os possíveis problemas são resolvidos pelas equipes técnicas; a satisfação progressiva das necessidades por meios tecnológicos como reforço da subordinação. Enfim, a dominação tradicional de classe dá lugar à dominação anônima da tecnologia, por intermédio de um Estado regulador que se organiza sob princípios técnicos.

No entanto, a essência do capitalismo tardio é uma combinação bastarda de organização e anarquia, já que o valor de troca e a concorrência não estão abolidos. Nesse sentido, as ideologias da racionalidade tecnológica e da sociedade pós-industrial são uma mistificação, em alguns níveis, porque: reificam o desenvolvimento tecnológico, naturalizando-o; não explicam a propagação do irracionalismo, do misticismo e da misantropia no capitalismo tardio; e afirmam a possibilidade de superar todas as contradições fundamentais do modo de produção capitalista, enquanto, na verdade, o capitalismo tardio é uma combinação contraditória de racionalidade parcial e de irracionalidade total.[18] Nesse contexto, o "especialista" é o ídolo do capitalismo tardio, justificado filosoficamente pelo neopositivismo. O acirramento das contradições, as brechas da irracionalidade levam, por outro lado, à emersão cada vez maior da corrupção e de outras formas de corrosão social.

Portanto, em *O capitalismo tardio*, Mandel identifica, antecipando-se à maioria dos intelectuais da época, as contradições internas e históricas que levarão à *onda longa com tonalidade recessiva* que o mundo contemporâneo vive há algumas décadas, a partir das categorias fundantes da teoria social de Marx. Cabe pontuar a precisão de alguns prognósticos de Mandel. A revista *IstoÉ* trouxe significativa reportagem acerca do capitalismo norte-americano, cujo título é "A potência

---

18. Para a discussão acerca do binômio razão *versus* irracionalidade no âmbito da "sociedade manipulada", consultar Coutinho (1972).

envelhece", onde se evidencia uma forte crise social, que, por sua vez, se articula com a incapacidade do Estado de promover suas subvenções diretas e indiretas em larga escala, como o fazia no período de expansão anterior.

> "O sistema educacional do país está deteriorado. São 25 milhões de americanos considerados funcionalmente analfabetos, incapazes de ler um letreiro de ônibus ou uma placa de trânsito. Os efeitos atingem o setor militar e industrial. Os soldados que ingressam no Exército não têm condições de ler as instruções para montar e desmontar um rifle sofisticado e o operário tem dificuldades em trabalhar nas novas máquinas. Também a saúde e a habitação estão comprometidas. Como as verbas dos sanatórios psiquiátricos foram radicalmente cortadas, os doentes mentais engrossam o contingente de 3 milhões de americanos desabrigados. E as altas taxas de juros dificultaram as condições de financiamento da casa própria, a grande conquista da classe média". (Nº 1092, 22/8/90).

Indicações analíticas e empíricas acerca dos desdobramentos efetivos das contradições do capitalismo tardio, *enquanto expressões renovadas das antinomias clássicas do mundo do capital*, podem ser encontradas em *A crise do capital*, texto no qual Mandel acompanha o desenvolvimento da onda longa depressiva que se inicia na década de 70. Cabe assinalar novamente que, tanto em *O capitalismo tardio* quanto em *A crise do capital*, seu raciocínio combina tendências objetivas do desenvolvimento do capital (as variáveis parcialmente independentes que compõem a lei do valor), com tendências subjetivas que interferem na dinâmica da produção e reprodução sociais, ou seja, o movimento das classes sociais, sendo estas últimas endógenas às primeiras. Como tem se procurado demonstrar, essa atitude metodológica repleta de historicidade tão cara, já que muitos marxistas foram vitimados pelos objetivismo/teoricismo estruturalistas, imprime uma qualidade indiscutível ao raciocínio mandeliano, o que se observa em seu tratamento da crise dos anos 70/80 exposto a seguir.

Importantes economistas, vinculados ou não à tradição marxista, foram surpreendidos pela recessão generalizada de

1974-75, devido à crença de que os ciclos do capital já encontravam contratendências suficientes, que levariam ao controle e eficácia do sistema. No entanto, esta era apenas uma ilusão reforçada pela longa fase de acumulação aberta no pós-guerra. Para Mandel, já na década de 60 colocavam-se indícios recessivos que foram controlados devido à dessincronização do ciclo industrial nos principais países imperialistas. Porém, em 1974-75, as contradições operantes, em função das profundas transformações econômicas do período anterior, vão emergir de forma contundente e sincrônica nos EUA, antiga RFA e Japão.

A aplicação, pelos Estados nacionais, das estratégias keynesianas anticrise vai esbarrar na internacionalização avançada da economia, limitando seu alcance. A expansão monetária e do crédito, e sua relativa autonomização diante do ciclo industrial (fruto da crescente internacionalização da produção), demonstraram seus limites enquanto formas de expansão da *demanda global*, devido à aceleração do processo inflacionário que daí advém. Essa recessão generalizada em 1974-75 foi a expressão do esgotamento da *onda longa expansiva*, tal como Mandel previa em *O capitalismo tardio*.

Quanto à amplitude da recessão, observa-se um descompasso entre a queda da produção industrial e o crescimento do desemprego. O desemprego será muito mais pronunciado que a redução da produção, o que se explica tanto pela larga introdução de técnicas capital-intensivas, como conseqüência da revolução tecnológica permanente no capitalismo tardio, quanto por intermédio da expulsão maciça do trabalho não-qualificado (mulheres casadas, jovens e imigrantes). Outra característica importante dessa crise recessiva é a alta do custo de vida articulada à inflação. Este elemento se tornaria ainda mais pronunciado diante da não utilização, em larga escala, de medidas anticíclicas (expansão do crédito, por exemplo). A ação dos monopólios, no sentido de garantir suas margens de lucro, vai controlar os preços das mercadorias, malgrado o estoque de bens de consumo e a ociosidade da capacidade produtiva. Essa ação encontra apoio no Estado que, em vez de pressionar pela queda dos preços, amplia a massa monetária, acelerando a inflação. Porém, fazendo um paralelo com a paradigmática crise de 1929, Mandel sinaliza que uma baixa geral dos preços não conteria necessariamente a crise, considerando-se a amplitude do problema do desemprego, que agrava a solvência da demanda.

Um elemento crucial para a compreensão desse processo é a queda pronunciada das reservas mundiais de cereais, o que levará a altas significativas dos preços dos produtos agrícolas. Para Mandel, contrapondo-se às análises neoliberais do período (Émile Claasen, Pascal Salin, Milton Friedman e J. Reuff), há uma verdadeira contração do volume de exportações dos grandes países imperialistas em 1975, ou seja, do comércio mundial, que teria três causas fundamentais: 1) a redução do consumo no interior dos principais países imperialistas levou à redução da demanda por bens de consumo e produção importados, incluindo matérias-primas; 2) os países importadores, sofrendo uma queda em suas exportações, também diminuíram as importações; e, 3) a volta das tendências nacionalistas e protecionistas.

A crise de 1974-75, segundo o autor, é uma *crise clássica de superprodução*, principalmente considerando as tendências de desenvolvimento do capitalismo a longo prazo. Ele se contrapõe veementemente à atribuição de responsabilidade pela recessão aos "xeiques do petróleo", já que os elementos recessivos precedem o encarecimento desse produto. Segundo Mandel, esta recessão é, por um lado, a "conclusão de uma fase típica de queda da taxa média de lucros", o que procura demonstrar por meio de dados empresariais e estatais de vários países, sobre o rendimento bruto no período. Por outro lado, o "crescimento regular da capacidade ociosa de produção das indústrias" é um outro indicador do caráter da recessão. Cerca de um terço da capacidade de produção dos Estados Unidos permanecia não utilizada no período citado. Portanto, há, antes da crise do petróleo (mas em consonância com ela no período 1974-75), uma dificuldade crescente de compensar a elevação da composição orgânica do capital — fruto da revolução tecnológica na onda expansiva — com um aumento da taxa de mais-valia. Some-se a universalização cada vez maior da revolução tecnológica ao *pleno emprego* no período expansivo e reforço do poder de barganha dos trabalhadores (dos setores monopolistas[19]) e o resultado será a *erosão inexorável da taxa média de lucros*, sem falar das dificuldades no âmbito do consumo.

Dessa forma, a raiz da crise está na própria dinâmica interna do capital, cujas tendências são mediadas por algumas particularidades específicas. Nesse sentido, Mandel faz a pertinente observação metodológica:

> "Na história do capitalismo, cada crise de superprodução combina traços gerais, que dizem respeito às contradições fundamentais do modo de produção capitalista, com traços particulares, que resultam do momento histórico preciso no qual ela se produz no curso do desenvolvimento desse modo de produção" (1990:29).

Ele chama atenção para dois traços específicos da crise. O primeiro é a *aceleração da inflação*, que, ao contrário de estimular a *demanda global*, desenvolve efeitos perversos, levando à especulação desenfreada em torno dos *valores-refúgio*, diante da depreciação do papel-moeda. Esse problema é acentuado pelo controle de preços efetuado pelos monopólios e pelos gastos militares. Mas é na inflação de crédito ao setor privado, com o conseqüente inchamento das dívidas bancárias e da moeda escritural, que se pode encontrar o nexo causal do fenômeno da inflação: "A economia ocidental flutuou rumo à expansão sobre um mar de dívidas, cuja incidência cumulativa teve forçosamente de acelerar a inflação" (Mandel, 1990:30).

No entanto, embora tenha passado de *rastejante* à *generalizada*, a inflação ainda não se tornou, naquele momento,

---

19. Mandel se aproxima aqui da abordagem de James O'Connor sobre a diferenciação da classe operária no contexto da monopolização do capital e as conseqüências desse processo para o movimento operário e para a acumulação de capital. Tal diferenciação e a crítica às burocracias sindicais também constam no trabalho de Aglietta, como se viu. Ver Capítulos 3 e 4.

galopante nos principais países imperialistas. Nessas últimas circunstâncias, os preços aumentam sem cessar e a moeda hiperdepreciada fica permanentemente em circulação. Mandel aponta que a economia mundial não vivenciou essa situação em 1974-75 e, dessa maneira, alguns preços (de matérias-primas, por exemplo) baixaram.[20]

Houve um superdimensionamento dos efeitos da alta do preço do petróleo, apresentada por alguns como a causa principal da recessão. Considerando que esta seria a vigésima crise de superprodução desde a formação do mercado mundial do capitalismo industrial, Mandel recusa essa versão *pseudokeynesiana* de explicação da crise, pelos monocausalismo e reducionismo nela contidos. Para o autor, a quadruplicação dos preços do petróleo vai ampliar as tendências já em curso: *aceleração da inflação e baixa da taxa média de lucros*. Nesse sentido, a questão do petróleo é "um fator adicional que amplifica a gravidade da crise". Ele fala do impacto da alta dos preços do petróleo nos países que determinam a conjuntura internacional, sinalizando que as estratégias deflacionistas e de austeridade, que começam a ser implementadas nesse período, ultrapassam o impressionismo de uma relação causa-efeito entre crise do petróleo e inversão da conjuntura. Segundo Mandel,

> "[...] a relação de causa e efeito deve ser mediatizada pela *opção política e social do governo em questão*. Não é verdade que a política de deflação era a única técnica possível nas circunstâncias dadas. Os governos podiam optar por diversas atitudes de política econômica e monetária. Se não foram adotadas, é por razões de preferência sociopolíticas, cuja natureza de classe deve ser posta a nu, e não pela impossibilidade técnica de se engajar em uma outra via" (1990:39, grifo nosso).

O autor realiza uma avaliação dos efeitos da recessão de 1974-75 sobre o chamado *Terceiro Mundo* (países semicapitalistas, semicoloniais e dependentes), com destaque para os

---

20. Uma análise densa do significado do processo inflacionário para a acumulação de capital pode ser encontrada na segunda parte do trabalho de Michel Aglietta (1991).

países-membros da OPEP. Estes últimos conseguiram conter, em certa medida, os efeitos da crise, em função das rendas petrolíferas, mesmo com uma baixa do volume das exportações. Grande parte dessa renda foi reinvestida em importações de bens de consumo e equipamentos, ensejando a industrialização e a formação de capital financeiro autóctone.

Conforme a reflexão mandeliana, esse processo acentua, a longo prazo, as contradições internas do capitalismo internacional, já que aumenta a capacidade ociosa de produção dos principais países imperialistas. No entanto, imediatamente criam-se mercados suplementares para os ramos ligados aos bens de produção, o que indicava uma alternativa para o comércio mundial. Mas o autor destaca algumas dificuldades nesse sentido: a incerteza na dinâmica das vendas do petróleo; a substituição do petróleo por outras formas de energia; a estrutura sócio-econômica extremamente retrógrada nesses países, que impõe uma tendência à estagnação; e a própria moldura mais ampla da *onda longa de estagnação* que envolve, também, os donos do "ouro negro".

No que tange aos demais países do Terceiro Mundo, onde se insere o Brasil, que ocupava o primeiro lugar na tabela dos *déficits* do balanço de pagamentos dos países dependentes em 1974 (Mandel, 1990:45), os efeitos da recessão foram catastróficos: a alta dos preços do petróleo bem como dos preços dos víveres e fertilizantes químicos levaram a um agravamento do *déficit* do balanço de pagamentos; a queda dos preços das matérias-primas e a redução do volume das exportações levaram a uma diminuição dos recursos em divisas, dificultando o enfrentamento das despesas. Esses elementos, combinados, engendraram uma regressão da produtividade na agricultura e na indústria, originando em alguns lugares uma estagnação sem precedentes. O coroamento desse processo trágico foi a fome (veja-se a faixa do Sahel na África) e o fantástico endividamento externo de vários países. Diante disso, Mandel assevera que: "toda crise capitalista de superprodução golpeia mais fortemente os fracos que os fortes, os pobres do que os ricos" (1990:46).

Características marcantes dessa crise são as primeiras evidências da perda da hegemonia do capitalismo norte-americano no comércio internacional e o acirramento da concorrência interimperialista na recessão. O Japão e a antiga Alemanha Ocidental se afirmaram, no decorrer da recessão, como fortes concorrentes dos EUA no ramo dos manufaturados, em que a produtividade do trabalho dos EUA avançou pouco. Há uma expressão desse movimento em outras instâncias: entre os vinte maiores bancos do mundo em 1976, apenas quatro eram americanos; e o projeto dos EUA de "desmonetarizar" o ouro e de institucionalizar definitivamente o "dólar inconversível" tornou-se ainda mais inverossímil. No plano político-militar, os EUA vêm mantendo seu *status* internacional, mesmo pagando um alto custo interno. Portanto, para Mandel, configura-se a seguinte situação a partir da década de 70:

> "O mundo capitalista no seu conjunto, escapando ao *leadership* americano, sem poder substituí-lo por uma aliança fundada na igualdade de poder americano-nipo-européia, ou por uma outra hegemonia alternativa, passa, portanto, por uma crise internacional de direção política ainda mais nítida do que nos anos anteriores" (1990:50).

Diante da amplitude da recessão, quais foram as alternativas político-econômicas de superação da crise no interior dos países mais ricos? Mandel observa que, apesar da "agitação frenética dos monetaristas", *a saída foi mais uma vez a reanimação monetária, ou seja, uma injeção de recursos pelo Estado, no melhor estilo keynesiano*. Dessa forma, aumentaram os *déficits* orçamentários dos principais países imperialistas, mas a crise foi detida. Portanto, confirmando sua argumentação em *O capitalismo tardio*, Mandel afirma que o Estado não tem condições de evitar uma recaída periódica na crise de superprodução, mas o Estado burguês tem os meios de "limitar no imediato a duração e a profundidade da recessão pela aplicação de técnicas keynesianas e/ou neokeynesianas, isto é, criando uma falsa moeda" (1990:60).

Porém, o custo dessa estratégia é a aceleração da inflação, o que indica a *dificuldade cada vez maior do capitalismo tardio de escapar ao dilema: recessão profunda ou inflação acentuada*. A aceleração da inflação tende a gerar, a médio prazo, tensões internas com os trabalhadores, em decorrência da perda do poder aquisitivo do salário e, assim, da demanda de bens de consumo.

No entanto, à exceção dos EUA, a reanimação monetária foi aplicada com relativa moderação, em face do temor de que isso estimulasse a demanda de bens de consumo, não só por causa da inflação, mas também pela poupança das famílias que, em tempos de crise, tende a aumentar. Assim, aumentam os depósitos bancários e fica enfraquecida a velocidade de circulação da moeda, não se ampliando o volume de vendas das mercadorias. Todos esses elementos demonstram a dificuldade de retomada da taxa de lucros na recessão. Nesse sentido, a ampliação do crédito tende a ser acompanhada por outras medidas que forcem a realização na circulação. Na verdade, "o momento de retomada é retardado até que *o efeito combinado* da retomada da demanda interna nos principais países imperialistas permita deter a contração do comércio mundial" (Mandel, 1990:63).

Essa moderação relativa também se relacionou com os riscos crescentes de desajustamento do sistema de crédito ou de um pânico bancário generalizado. Esse processo envolvia a cobertura duvidosa de vultosos empréstimos bancários (o mar de dívidas a que o autor já se referiu anteriormente), em função da grande quantidade de falências e concordatas na recessão.

Embora as práticas anticrise tenham obtido algum sucesso, limitando a duração e a profundidade da recessão de 1974-75, o autor afirma que as causas fundamentais dessa crise, que não ocorreu por acaso ou por simples acidente de percurso, não foram eliminadas. Portanto, estaria inviabilizado um novo *boom* econômico. Para confirmar sua hipótese, ele propõe o exame das repercussões da crise sobre os principais fatores que influenciam a evolução a longo prazo da taxa de lucros, nos países imperialistas. Assim, o autor sinaliza: a dificuldade de ocorrer um aviltamento fundamental do preço das matérias-primas; a existência de um enfraquecimento no ritmo de crescimento da produtividade do trabalho, ou seja, da extração da mais-valia relativa; a não-ocorrência de uma desvalorização maciça de capitais, havendo, mesmo, uma sobrevida dos monopólios menos rentáveis, ainda que tenha aumentado o número de falências de pequenas e médias empresas. Desse modo, as subvenções estatais garantiram àqueles monopólios a continuidade de suas atividades, à custa de um forte endividamento. *Não houve um profundo "saneamento" do sistema, o que elevaria a taxa de lucros.* Embora tenha acontecido uma ampliação da taxa de mais-valia, devido à pressão do desemprego, à redução das flutuações da mão-de-obra e ao aumento do ritmo e *disciplina do trabalho*, esta não foi suficiente para provocar um aumento significativo da massa de lucros. Para Mandel, a resistência organizada dos trabalhadores, diante da ofensiva patronal, assegurou este último item. Naquele momento, a burguesia não foi capaz de infligir derrotas profundas à classe operária em termos de condições de vida e direitos sociais indiretos. Diante desse quadro, o autor reafirma a *onda longa de crescimento lento*, que havia previsto desde 1965, e fundamentado em *O capitalismo tardio*.[21]

O período de 1976-79 será marcado pela retomada econômica, que se expressa numa tendência positiva da produção industrial e da acumulação de capital. No entanto, *essa retomada foi frágil e hesitante* porque não alcançou os índices da produção industrial de antes da recessão, e, principalmente, porque não absorveu o desemprego gerado em 1974-75. Sobre esta última

---

21. Mandel vai aprofundar, em *A crise do capital*, a análise das repercussões da recessão de 1974-75 nos seguintes aspectos: avaliando a dinâmica do sistema monetário internacional, onde se colocam questões como as flutuações das taxas de câmbio, o protecionismo e o endividamento do Terceiro Mundo (p. 79-88); examinando as possibilidades de consolidação do Mercado Comum Europeu (p. 89-93); e comparando a ascensão do padrão ouro à crise do dólar (p. 95-112). Existem ainda importantes indicações sobre o desempenho econômico dos países do chamado *socialismo real*, no período citado, onde se destacam as pressões do capitalismo pela ampliação do mercado, explorando as próprias contradições internas (políticas, sociais e econômicas) daqueles países. Nesse sentido, chamo a atenção para o brilhante capítulo sobre a Polônia, onde se encontram subsídios para uma compreensão profunda da falência político-econômica do Leste Europeu (p. 119-60). Mandel desenvolve essa discussão também nos dois volumes de *Além da Perestroika*. Tendo em vista que esses conteúdos aprofundam e/ou sublinham as características já pontuadas da crise de 1974-75, não me deterei neles.

questão, Mandel aponta o ascenso das políticas econômicas monetaristas e antikeynesianas, que introduzem um desemprego maciço permanente, obstruindo o *mercado de trabalho*. Para *a contra-revolução antikeynesiana*, a inflação é resultado das políticas de pleno emprego implementadas pelo *Welfare State*. Portanto, o desemprego é um preço inevitável a ser pago no combate à inflação, dentro da concepção neoliberal que começa, então, a ganhar força. Nesse sentido, as políticas monetaristas de austeridade geram a seguinte contradição:

> "A recessão de 1974-75 deixou uma taxa de desemprego estrutural que a OCDE avaliou em 15,5 milhões no conjunto dos países imperialistas no final de 1976. Ao término de 1977 a mesma OCDE estimou que o desemprego havia crescido no conjunto dos países imperialistas para 16,3 milhões e previu que atingiria, em 1978, 17 milhões de desempregados oficialmente recenseados. No pior momento da recessão havia 17 milhões de desempregados. Uma retomada que aumentou a produção industrial em média 10% em relação ao nível mais baixo da recessão deixou, portanto, praticamente intacto o desemprego criado pela crise. Tal é o balanço eloqüente do período 1973-79 em matéria de empregos" (Mandel, 1990:163).

A onda de desemprego, que vai marcar todo o período de estagnação que se abre em 1974-75, atingiu principalmente os jovens, as mulheres e os imigrantes, mas também significou uma expulsão efetiva de homens adultos da parcela empregada da população ativa.

O caráter inflacionário da retomada colocou dilemas complexos para o capital que, ora se portou de forma claramente neoliberal, combatendo a inflação, mas acirrando o desemprego e baixando a produção industrial; ora optou por uma via keynesiana, mas esbarrando na *crise fiscal do Estado* e nos decorrentes riscos de inflação galopante. Houve, de forma generalizada, uma pressão pela diminuição das despesas públicas, agora menos interessantes do ponto de vista do capital.

Mandel caracteriza, então, a retomada de 1976-79 como desigual (por países e setores), não-cumulativa, hesitante e irregular, o que não viabilizou uma verdadeira decolagem econômica e gestou a subseqüente recessão de 1980-82. Algumas causas são, assim, apresentadas: a recuperação dos investimentos produtivos foi mais lenta do que a prevista e não foi bem-sucedida em preencher o consumo das famílias para assentar a retomada; a demanda de bens de consumo no mercado interno não se ampliou mais após o efeito "detonador" da retomada; a retomada foi internacionalmente desigual; e, por fim, setorialmente desigual. Diante disso, Mandel confirma a sua análise anterior acerca da *onda longa de estagnação*, apontando que a recessão e a retomada "continuaram sob o signo de uma *depressão dos fatores de crescimento*" (1990:170).

Dessa forma, a economia capitalista internacional vai atravessar sua segunda grande recessão generalizada após o fim da Segunda Guerra, em 1980-82, desencadeada nos EUA. A queda da taxa de utilização da capacidade de produção da indústria manufatureira dos EUA — de 72,2% em agosto de 1980 caiu para 66,4% em abril de 1982 — é uma expressão visível da depressão. Queda semelhante ocorreu nos principais países imperialistas no mesmo período.

A recessão de 1980-82 se prolongou sob o efeito de alguns elementos combinados: a queda da taxa média de lucros com redução dos investimentos produtivos (agravados pelas políticas monetaristas); a retração do mercado interno; a retração das vendas externas. A tradicional busca de *mercados de substituição* encontrou os potenciais parceiros em situação de penúria e endividamento, dificultando as alternativas à crise.

Na verdade, essa recessão atingiu duramente os países semicoloniais e semi-industrializados dependentes, com uma vertiginosa queda dos preços das matérias-primas, não compensada, no caso dos semi-industrializados, pela produção industrial. O Leste Europeu, que vinha absorvendo uma parcela significativa da produção dos países imperialistas, também vivencia, nesse período, uma crise (de subprodução[22]) que levará à compressão do comércio com o Ocidente.

22. Acerca das crises de subprodução no Leste Europeu, consultar Mandel (1989).

As políticas monetaristas deflacionárias, além de não vencerem a inflação, agravaram a recessão, não conseguindo conter a avalanche de dívidas públicas e privadas (inclusive de grandes multinacionais), e aumentando os riscos de *crash* bancário:

> "[...] É a combinação da insolvabilidade potencial de grandes devedores estrangeiros, de grandes empresas imperialistas e de setores mais fracos do próprio sistema bancário que suspende sobre a economia capitalista internacional a espada de Dâmocles de um *crash* bancário maior" (Mandel, 1990:188).

Outra característica da crise de 1980-82 é o aprofundamento do desemprego estrutural, ou seja, *o crescimento ininterrupto do desemprego*, que já ultrapassava os 30 milhões em 1982. A coincidência de um enfraquecimento geral do crescimento econômico com um impulso tecnológico pronunciado tem levado à seguinte situação: "se o número de desempregados aumenta bastante na fase de recessão, não recua no período de retomada, enquanto esta continuar moderada" (Mandel, 1990:189). Assim, o patamar de desempregados permanentes cresce a cada recessão. Mandel prevê uma perspectiva sombria em relação ao emprego nos anos 80, já que mesmo o setor terciário, que absorveu grandes parcelas em 50-60, tende a estagnar e se automatizar, tornando-se, inclusive, gerador de desemprego. Diante da crise de superprodução, o capital vai empreender esforços no sentido de elevar a taxa de lucros. São eles:

> "[...] eliminação, absorção ou redução da atividade das empresas menos rentáveis; substituição das técnicas menos produtivas por técnicas de produção mais avançadas; redução da fabricação de produtos cuja demanda parece estruturalmente em estagnação ou em declínio, favorecendo a fabricação de produtos cuja procura se revela estruturalmente em elevação; investimentos de racionalização, com economia de matérias-primas, de energia, de mão-de-obra e de emprego do capital fixo; crescimento da velocidade de circulação do capital; intensificação dos processos de trabalho e, em geral, esforços concentrados para aumentar duravelmente a taxa de mais-valia [...], procura de novas

possibilidades da produção e a redistribuição de antigos mercados [...]" (Mandel, 1990:197).

Por ocasião da crise de 1980-82, além da forte concorrência interimperialista no terreno dos próprios e ricos mercados internos, pode-se identificar alguns movimentos no mercado mundial, enquanto reação à recessão, e que já vinham se configurando desde 1974-75. A emergência dos países da OPEP e do Leste Asiático como parceiros importantes no comércio mundial, implicando nova divisão internacional do trabalho — indústrias de bens de produção e transportes, com exportação de fábricas prontas nas nações imperialistas; montadoras e indústrias de bens de consumo duráveis e não-duráveis nos países semicoloniais e semi-industrializados dependentes —, é um desses movimentos. A industrialização acelerada de alguns países da América Latina — México, Brasil, Colômbia e Argentina[23] — também modifica suas situações no mercado mundial, com a constituição, inclusive, de alguns capitais financeiros autônomos.

Segundo Mandel, essa industrialização acelerada de alguns países do mundo subdesenvolvido se explica pelo deslocamento de centros de produção das transnacionais para países com salários e preços de matérias-primas mais baixos, diminuindo os custos de produção, e pela transferência da poluição. O que o autor caracteriza como *modelo de desenvolvimento à brasileira*, é, como sabemos, baseado na superexploração dos trabalhadores.[24] O mercado interno desses países é reduzido, não constituindo uma via de absorção efetiva da produção. Portanto, coloca-se um limite dessa reestruturação do mercado mundial, que não conseguiu impulsionar uma expansão acelerada da

23. Ainda que Mandel inclua a Argentina no rol de países que incrementam uma industrialização rápida no período analisado, devemos relativizar essa indicação, dado o intenso sucateamento do parque industrial desse país, presente na política econômica da ditadura militar a partir de 1976, dirigida por Martinez de Hoz.

24. Tal superexploração é comprovada no trabalho de inspiração regulacionista de Sabóia (1990), em que o autor mostra como a introdução da relação salarial fordista no Brasil (especialmente no chamado "milagre brasileiro") tem a especificidade de transferir parcamente os ganhos de produtividade.

economia capitalista internacional: a miséria estrutural desses países e seu restrito mercado interno:

> "[...] mais de 50% dos habitantes do mundo não participam das bases do crescimento rápido do pós-guerra. Não participaram também do crescimento moderado de 1976-77. Eis o pano de fundo do debate sobre a nova 'ordem econômica mundial' e seu caráter amplamente artificial e hipócrita" (Mandel, 1990:204).

Os grandes trustes também trataram de responder à crise realocando centros de produção e diversificando-os, buscando reduzir o peso dos produtos cuja demanda estagnasse e impulsionar aqueles cuja procura pudesse aumentar. A emersão da *economia paralela*, enquanto reação ao desemprego prolongado, vai ocorrer nas economias capitalistas centrais. As condições de trabalho sofreram uma forte deterioração.

Há, ainda, uma desvalorização maciça de capitais, como resultado do estreitamento do crédito e estrangulamento inflacionário. Aqui, a combinação de uma política monetarista, quanto ao crédito e à inflação, e de um controle de preços pelos grandes monopólios (muitas vezes subsidiados pelo Estado) mostra o caráter abusivamente concentrador e a barbárie implícita na sobrevida do capital, em sua fase tardia. A falência generalizada de pequenas e médias empresas, o desemprego estrutural, a remilitarização (como mercado de substituição) são indicadores de um quadro complexo e sombrio no contexto da depressão prolongada.

Diante desse conjunto de indicadores, Mandel ratifica sua crítica às explicações monocausais das crises periódicas de superprodução presentes em influentes autores da tradição marxista, defendendo como contrapartida o recurso à perspectiva da totalidade implícita na lei do valor, de Marx. Assim, o modo de produção capitalista é, *ao mesmo tempo*, produção mercantil generalizada e produção para o lucro; produção de uma massa crescente de mais-valia, cuja apropriação está subordinada à venda das mercadorias no processo de circulação onde a extração daquela efetivamente se realiza. Como esta passagem da produção à circulação não acontece imediatamente, coloca-se, então, a possibilidade da superprodução: a contradição entre a produção de valores de uso e de troca opera permanentemente no coração do capitalismo. Todavia, para compreender a relação entre a queda da taxa de lucro, a crise de superprodução e o desencadeamento da crise, é preciso ir além dessa constatação primeira, ou seja, a de que a crise do capital é uma crise de superprodução. Para Mandel, há uma complementaridade entre superprodução e superacumulação (insuficiência de lucros para expandir os bens de capital), que se articulam na espiral cumulativa da crise.

Embora as crises de 1974-75 e 1980-82 tenham se iniciado no Departamento II, isso não implica uma *lógica imanente* do sistema, podendo iniciar-se a recessão no Departamento I, ou em ambos ao mesmo tempo. O detonador da recessão pode também variar: escândalo financeiro, brusco pânico bancário, bancarrota de uma grande empresa, venda insuficiente generalizada em um setor-chave do mercado mundial ou falta brusca de determinada matéria-prima ou energética essencial. No entanto, o detonador não é a causa da crise. Para que ela ocorra existem algumas precondições que não decorrem da influência autônoma do detonador, que funciona como um catalisador do processo. A explicação desse movimento impõe algumas "mediações indispensáveis que se situam, concomitantemente, na esfera da produção e na da circulação de mercadorias e, ainda, no domínio da concorrência e no da luta de classes" (Mandel, 1990:213). O autor aponta que a função objetiva da crise é de constituir o mecanismo *por meio do qual a lei do valor se expressa e se impõe*, considerando seus componentes objetivo e subjetivo.

Para o autor, a crise é precedida por uma fase de "lua-de-mel", quando há um aumento da composição orgânica do capital e uma ampliação dos investimentos combinados à grande elevação da taxa de mais-valia e à queda dos preços das matérias-primas. Contudo, a lógica interna do crescimento cria seus próprios empecilhos, que aparecem nas seguintes expressões: redução do exército industrial de reserva obstaculizando a expansão da taxa de mais-valia; e dificuldades de manutenção dos baixos preços das matérias-primas com o prolongamento da expansão, generalização da revolução tecnológica diminuindo o diferencial da produtividade do trabalho (gerador de superlucros no capitalismo tardio). Dessa forma, esgota-se o *boom* e impõe-se a tendência ao decréscimo da taxa de lucros, ou seja, em relação ao conjunto do capital social a mais-valia produzida é insuficiente para assegurar as taxas médias de lucros anteriores.

Nesse contexto, acirra-se a concorrência entre os capitalistas, o que favorece os grandes monopólios, e o capital recentemente acumulado não é reinvestido produtivamente, ficando na especulação. Para o autor, embora a aparência de animação se mantenha, o emprego e a produtividade começam a estagnar, não crescendo mais em proporção suficiente para dar sustentação à expansão. A fragmentação entre produção e consumo leva ao desdém em relação ao "último consumidor". A combinação desses elementos com o recurso incessante ao crédito e a existência de manifestações de capacidade de produção ociosa tende a minar ainda mais os alicerces do crescimento. Somando a concorrência e o progresso técnico, tem-se, assim, uma *superabundância de capitais conjugada à "escassez" de lucros,* ou melhor, o *superinvestimento* provocou a *superacumulação*, que, por sua vez, gerou o *subinvestimento* e a *desvalorização maciça de capitais.*

Mandel faz uma crítica aos economistas do Partido Comunista Francês, especialmente Boccara,[25] pelo seu apego ao conceito de *capitalismo monopolista de Estado* e aos conceitos decorrentes de *acumulação excessiva* e *desordem da acumulação*, para explicar a crise. Para Mandel, esta não decorre da influência estatal ou da má orientação dos investimentos, mas sim do fato de que o conjunto da mais-valia produzida não permite uma valorização suficiente do conjunto dos capitais. Ele critica também os ajustes propostos pelos keynesianos (demanda global) e pelos monetaristas (massa monetária). Estes não são capazes de conter os ciclos do capital, que, para entrar

25. Ver Capítulo 1.

nas fases de *boom,* precisa de impactos globais nos níveis do mercado e da taxa de lucros.

A combinação de racionalidade e irracionalidade no capitalismo inviabiliza o controle dos ciclos, ou seja, impera a contradição entre a valorização na produção e a realização do valor na circulação.

Com base nesse raciocínio, Mandel volta sua atenção para o período 1971-86, pontuando seu caráter depressivo, ou melhor, caracterizando-o como *uma onda com tendência à estagnação, perpassada por recessões longas e profundas e retomadas curtas e pouco expansivas.* Sinteticamente, a onda longa é o ponto de convergência de cinco crises de tipo diferente: as clássicas de superprodução, limitadas pela expansão do crédito, que vêm perdendo em eficácia, em cada pequeno ciclo; contenção brusca dos rendimentos tecnológicos (poucas e marginais invenções novas); crise do sistema imperialista (mesmo da dominação indireta dos países coloniais e semi-industrializados); crise social e política nos países imperialistas, com ascenso das lutas operárias, em função das políticas de austeridade; e, por fim, crise de credibilidade do capitalismo, enquanto sistema que possa garantir o nível de vida, o pleno emprego e as liberdades democráticas. Então, diante da conjuntura da década de 80, Mandel recoloca:

> "Ao lado da gravidade da crise do sistema, da acumulação de armas de destruição massiva e da retomada de tendências irracionais, patológicas, de desprezo e de raiva contra o homem entre as classes proprietárias e uma parte dos ideólogos e políticos a seu serviço, a crise confronta a humanidade a uma versão apocalíptica do dilema 'socialismo ou barbárie', 'sobrevivência ou aniquilamento coletivo'" (1990:230).

Esse período encerra uma grande ofensiva de austeridade do grande capital contra os assalariados, cujo resultado depende de algumas variáveis: a correlação de forças objetivas entre classes sociais; os níveis de organização, combatividade e de consciência de classe, produtos da trajetória recente do movimento operário, em cada país e no conjunto; as reações das organizações de massa do proletariado (sindicatos e partidos); e a correlação de forças entre as expressões mais tradicionais burocratizadas e as novas vanguardas emergentes no seio do movimento operário. Para o autor, a ofensiva neoliberal patronal obteve algumas vitórias importantes, mas sem alcançar um crescimento absoluto da taxa de mais-valia, o que é um pressuposto decisivo para a saída da crise pelo capital.

Por outro lado, a atividade do movimento operário foi bastante defensiva, pesando sobre ela o agravamento do desemprego, mas não só. Mandel menciona também componentes subjetivos que têm agido como freio ao acirramento das lutas operárias no contexto da crise, tais como: a atuação dos aparelhos burocráticos tradicionais, que mantêm um peso significativo no movimento; a colossal campanha ideológica da burguesia, que explica a crise pela escassez e não pela superprodução; e o retorno de concepções neo-ricardianas, para as quais a queda da taxa de lucros é explicada pela elevação dos salários.

Mandel fará uma longa crítica aos argumentos social-democratas e eurocomunistas (1990:233-40), afirmando que é improvável a saída da crise nos marcos do sistema capitalista, em sua fase tardia. No entanto, não basta ao movimento operário, diante das tentativas de sobrevida do capital, postar-se de forma claramente anticapitalista. Diante do duro ataque aos salários, à assistência social, aos direitos sindicais e políticos já conquistados, cuja expressão maior é o desmantelamento sistemático do chamado *Estado de bem-estar*, não é possível recusar o combate defensivo. Nesse sentido, a luta em torno da diminuição da jornada de trabalho, da escala móvel de salários, da defesa do direito de greve, além da solidariedade com os setores mais atingidos será um imperativo no contexto da década de 80 (e que se estende na década de 90). Ele combina essas reivindicações imediatas com um programa mais amplo contra a austeridade, de caráter abertamente anticapitalista (1990:242).

Pois bem, a partir de 1983, a economia americana saiu da recessão, impulsionando nessa direção os demais países imperialistas e alguns semi-industrializados. Entretanto, mais uma vez, a retomada não implicou um significativo aumento da taxa de lucros, e se deu com base num "mar de dívidas":[26]

> "Cada retomada econômica que se sucedeu após 1971 foi apoiada em uma massa de créditos cada vez maior, relacionando-se a uma massa de lucros igual ou sensivelmente inferior" (Mandel, 1990:260).

Diante desse quadro, que o autor vai qualificar como a *dinâmica infernal da espiral da dívida*, ou seja, a expansão do crédito como motor da economia no capitalismo tardio, coloca-se a inevitabilidade de uma nova recessão a partir de 1986-87.

Mandel não confia numa recuperação do capital com a constituição de uma hegemonia japonesa ou alemã, dado o peso dos EUA. Também não reconhece consistência no discurso neoliberal, que aos primeiros sinais de acirramento da crise abre mão de sua fé no mercado e pede a cobertura dos créditos bancários e do Estado, aprofundando os elementos estruturais da crise. Portanto, ele prevê a continuidade da *onda longa com tonalidade depressiva.*

Na outra face do mesmo problema colocam-se conseqüências sociais alarmantes, como a crise das finanças da segurança social, sobretudo do seguro-doença e das aposentadorias, e o agravamento do desemprego. Isso tem gerado a chamada *nova pobreza* no capitalismo central e situações catastróficas na periferia do capital.

Mandel finaliza sua análise em *A crise do capital*, no mês de novembro de 1987, não prevendo expansão a curto prazo do capitalismo nos seguintes termos:

> "Uma retomada expansiva, profunda e ampla dessa economia nos anos vindouros está totalmente excluída. Seria necessária

26. Em consonância com o "mar de dívidas" a que se refere Mandel, Mészáros se refere aos Estados Unidos como "imperialismo americano de cartão de crédito". Entretanto, no mesmo artigo emergem diferenças significativas de avaliação da situação atual do capitalismo. Ver Mészaros (1989a).

uma modificação radical da situação, uma derrota muito grave da classe operária, ou mudanças radicais nos países do Leste Europeu para que a confiança pudesse voltar, para que o mercado pudesse se ampliar, para que os investimentos pudessem ser retomados no ritmo dos anos 50 e 60. Isso está fora de questão, no momento" (1990:329).

Como Marx e Engels já alertavam, em seu *Manifesto do Partido Comunista*, escrito em 1848, tudo o que é sólido desmancha no ar na era burguesa. Em seguida à queda do Muro de Berlim, em 1989, um leque de acontecimentos no Leste Europeu alterou significativamente a conjuntura mundial. Embora o desfecho desse processo ainda não seja nítido e cristalino, como apregoam os adeptos do "fim da história", há uma retomada do fôlego do capital, a partir daí tanto econômica quanto ideológica como paradoxalmente prevê a reflexão mandeliana na citação anterior.[27] Entretanto, esta sobrevida do capital não retira o crédito das argutas reflexões de Mandel acerca do movimento da totalidade concreta na segunda metade do século XX.

27. Já em sua discussão acerca das crises de subprodução do Leste Europeu e das relações deste com o Ocidente capitalista, Mandel identifica os dúbios caminhos da auto-reforma das burocracias polonesa, chinesa e soviética e suas possíveis conseqüências.

CONCLUSÃO

1. Política social no capitalismo tardio

A categoria capitalismo tardio, na perspectiva mandeliana, afigurou-se como a mais completa e, sobretudo, metodologicamente adequada (Lukács, 1989) para uma interpretação das tendências de crise do capitalismo em curso a partir de fins da década de 70. Após a longa e intensa interlocução realizada, observei que tal perspectiva vem em apoio à reflexão, sem se afastar de aspectos fundantes da teoria social de Marx, bem pontuados por Netto: a teoria do valor-trabalho, o materialismo histórico e dialético e a perspectiva da revolução (1981 e 1983). Nas outras categorias formuladas pela tradição marxista contemporânea, como vimos, um ou mais desses três elementos constitutivos fundamentais é abandonado.

Cabe, então, inferir do raciocínio mandeliano algumas pistas para uma problematização da política social, sob o ângulo da crítica da economia política marxista renovada e atualizada, enriquecendo eventualmente aquele contributo com outros aportes. Sistematizarei, assim, alguns elementos para a compreensão da relação entre a política social e a crise do capitalismo contemporâneo.

O que move o capital, já sabemos, é a busca de superlucros, ou seja, extrair o máximo de mais-valia a partir dos simultâneos processos de trabalho e valorização que integram a formação do valor das mercadorias. Estas são colocadas em circulação em contextos históricos que se diferenciam a partir do grau de articulação planetária do mercado mundial, dos níveis de desenvolvimento e generalização das forças produtivas e, ainda, dos níveis de consciência e organização das classes sociais e seus segmentos, dentre outras condições. A busca de superlucros ocorreu de forma específica em cada período pelo qual passou e passa o modo de produção capitalista: o capitalismo concorrencial, o imperialismo clássico e o capitalismo tardio.

Pois bem, cada período da história do capitalismo atravessou um ciclo longo de aceleração e desaceleração da acumulação de capital, entrecortado por pequenos ciclos. São as *ondas longas com tonalidade de crescimento* e as *ondas longas com tonalidade depressiva.* Com base na periodização mandeliana, é possível afirmar que as políticas sociais se multiplicam no final de um longo período depressivo, que se estende de 1914 a 1939, e se generalizam no início de um período de expansão, que teve como substrato a guerra e o fascismo, e segue até fins da década de 60.

Uma vez que a política social é um fenômeno que se generaliza, no trânsito do imperialismo clássico para o capitalismo tardio, que elementos vão demandar a articulação de políticas sociais nesse período? Aqui, cabe retomar a discussão de Mandel sobre a configuração dos *ciclos econômicos*, na base dos quais está a operação da lei do valor, nos diferentes momentos históricos. É importante ressaltar este elemento constitutivo da lei do valor — sua historicidade. A lei do valor, como já foi dito, expressa relações sociais de produção capitalistas em determinado período histórico. Tanto é que, nos primórdios do capitalismo, a base para a extração da *mais-valia* era a extensão da jornada de trabalho. Com a luta operária, o desenvolvimento tecnológico e a monopolização crescente do capital, esta base passou a ser a produtividade do trabalho por meio da introdução de tecnologias capital-intensivas em larga escala, predominando a *mais-valia relativa.* Hoje, na chamada acumulação flexível (Harvey, 1993), observa-se um retorno da mais-valia absoluta em combinação com uma intensificação sem precedentes do processo de trabalho, tal como se afigura na experiência toyotista. Essas mudanças, portanto, operam alterações nas formas pelas quais a lei do valor se expressa nos ciclos econômicos do capital.

O ápice do período depressivo — a crise de 1929-32 —, como é reconhecido pelo conjunto dos autores trabalhados, vai promover uma inflexão na atitude da burguesia quanto à sua confiança cega nos automatismos do mercado. Por outro lado, de um ponto de vista global (econômico-político e ideológico), seria insustentável, para o capital, uma nova crise com as características de 1929, quando, com todos os limites, consolidava-se a experiência soviética. A outra alternativa, também sem sustentação a médio prazo, era o fascismo. Aglietta acrescenta um outro ingrediente na consideração da crise de 1929 que, a meu ver, pode ser incorporado aqui, que é o descompasso entre o incremento dos dois setores de produção e a criação de uma norma social de consumo.

A forma corrente que a "contestação burguesa" (Mandel, 1978) do *laissez-faire* adquiriu está expressa na chamada *revolução keynesiana*. As proposições de Keynes vão se inspirar na experiência do *New Deal* americano, especialmente nas saídas européias da crise, que têm um ponto em comum: a sustentação pública de um conjunto de medidas anticrise ou anticíclicas. Keynes sistematizou em sua *Teoria geral*, publicado pela primeira vez em 1936, uma ruptura substantiva com a ortodoxia liberal, justificando a intervenção estatal para conter a *queda da demanda efetiva* — ausência de meios de pagamento no mercado que tem sua origem nos movimentos especulativos dos empresários quando são tomados pelo pessimismo em relação à *eficiência marginal do capital*, e que geram desequilíbrio, instabilidade, crise. Mandel sinaliza que tais medidas, visando amortecer as crises cíclicas de superprodução, superacumulação e subconsumo, intrínsecas ao movimento de produção e reprodução do capital onde se incluem as políticas sociais, tiveram, no máximo, a capacidade de reduzir a crise às condições de uma recessão, tanto que tais estratégias demonstraram claros sinais de cansaço em fins da década de 60.

Mas, vejamos como o capital viabilizou a saída da crise, ensejando o longo período de expansão após a Segunda Guerra Mundial, atentando para o significado das políticas sociais naquele contexto. Para tanto cabe caracterizar a crise. O *crack* de 1929 é uma expressão típica e paradigmática da operação da lei do valor. A espiral da crise precisa ser compreendida por dentro dos ciclos longos de expansão e depressão, superando-se, dessa forma, a tendência de os economistas articularem as crises aos detonadores imediatos, que em geral são os catalisadores da depressão, mas não a sua causa.

O período de *expansão* notabiliza-se pelo crescimento da composição orgânica do capital, pelo aumento da taxa de mais-valia (o que pressupõe o recuo do movimento operário) e pela possível baixa dos preços das matérias-primas. Esta situação cria seus próprios *obstáculos*. Com a redução do exército industrial de reserva, tende a se ampliar a resistência do movimento operário, baixando a taxa de mais-valia. Há, ainda, uma generalização da revolução tecnológica, que está na base de todo ciclo de expansão, diminuindo os superlucros extraídos do diferencial de produtividade do trabalho. Nesse contexto, *impõe-se a queda tendencial da taxa de lucros em relação ao conjunto do capital social*. A concorrência é acirrada, bem como a especulação. Há uma estagnação do emprego e da produtividade, o que gera uma forte capacidade ociosa na indústria. Assim, configura-se uma superabundância de capitais e uma escassez de lucros.

A política keynesiana de elevar a demanda global a partir da ação do Estado, em vez de evitar a crise, vai apenas amortecê-la por meio de alguns mecanismos, que seriam impensáveis pela burguesia liberal *stricto sensu*. Eis alguns deles: a *planificação indicativa* da economia, na perspectiva de evitar os riscos das amplas flutuações periódicas; a intervenção na relação capital/trabalho por intermédio da *política salarial* e do *controle de preços*; a *política fiscal* e, dentro dela, os mecanismos de renúncia fiscal; a oferta de *crédito* combinada a uma *política de juros*; as *políticas sociais*. Este conjunto de estratégias e técnicas anticíclicas, por meio dos poderes públicos, objetiva conter a queda da taxa de lucros, obtendo, com isso, algum controle sobre o ciclo do capital.

Nessas circunstâncias, qual é o papel da política social? O crescimento dos seguros sociais tem múltiplas causas, e sua evolução enquanto estratégia anticíclica ocorre sobretudo a partir de 1929.[1] Inicialmente, houve pressão do movimento operário em torno da *insegurança da existência* que peculiariza a condição operária (desemprego, invalidez, doença, velhice). Superando o recurso à caridade e à beneficência privada ou pública, o movimento operário impõe o princípio dos *seguros sociais,* criando caixas voluntárias e, posteriormente, obrigatórias para cobrir perdas. Este processo levou ao princípio da *segurança social*, a partir do qual os assalariados deveriam ter cobertura *contra toda perda de salário corrente* (Mandel, 1978:83). Nesses termos, subjacente à segurança social está a solidariedade de classe e, também, a perspectiva de evitar a constituição de um subproletariado, o que pesaria sobre os salários diretos.

A partir do período já delimitado, o Estado, enquanto gestor das medidas anticrise, implementa sistemas nacionais de *seguridade*, com contribuição tripartite (usualmente), tomando emprestado as enormes somas mobilizadas. Tais sistemas nunca foram financiados pelo imposto progressivo sobre o lucro, o que poderia constituir uma verdadeira redistribuição em favor dos trabalhadores. Segundo Mandel,

> "É um facto que as experiências mais interessantes de Segurança Social, como a que foi realizada em França após 1944, ou sobretudo o Serviço Nacional de Saúde na Grã-Bretanha após 1945, foram financiadas muito mais por uma taxação dos próprios trabalhadores [...] do que pela taxação da burguesia. É por isso que em regime capitalista nunca se assistiu a uma verdadeira e radical redistribuição do rendimento nacional pelo imposto, um dos grandes 'mitos' do reformismo" (1978:86).

---

1. O que não significa a ausência de experiências anteriores, como o sistema bismarkiano na Alemanha. No entanto, o que se quer delimitar é o período de generalização da constituição de padrões de proteção social.

Dessa forma, o salário indireto, ou diferido, que é sustentado pela taxação dos trabalhadores, além de configurar um empréstimo ao Estado, a partir do qual este desencadeia um feixe de ações anticíclicas (lembremo-nos do FGTS, no período pós-64 no Brasil e sua relação com a política habitacional e a construção civil), também responde à baixa da *procura total*. Os regulacionistas acrescentam que a política social é um componente básico da relação salarial que se instaura com o fordismo, no sentido de regular o processo de reprodução da força de trabalho.

A reação em cadeia que cresce na crise de superprodução "com uma lógica e uma fatalidade terrificantes" (Mandel, 1978:86) é amortecida também por meio da seguridade social, nas várias formas que esta assume, particularmente o *seguro-desemprego*. Os seguros permitem que a queda no consumo não seja tão brusca. Entretanto, a ação da seguridade social não é capaz de assegurar, por si só, o efeito anticíclico. A política social aparece associada a um conjunto de estratégias anticrise, especialmente a intumescência dos orçamentos militares, que caracterizou o período de expansão pós-45, em nome da Guerra Fria.[2]

Assim, a política social integra a estratégia global anticrise do capital após 1929 e, aqui, a formulação mandeliana se aproxima da noção do *Estado previdenciário-militar* de O'Connor (1977). A meu ver, aquela indicação é preciosa, mas é necessário ampliar o conceito de seguridade social, que ultrapassa o sistema previdenciário — seu "núcleo-duro" inicial. Trata-se, na verdade, para além dos seguros sociais, de um conjunto de medidas, do ponto de vista econômico/político, que consistem em subsídios à iniciativa privada como: compra de equipamentos de consumo coletivo, garantia estatal dos preços da cesta básica para populações de baixa renda, dentre inúmeras outras formas que estão bem delineadas em Faleiros (1983 e 1986) e também em Aglietta (1991). É interessante notar que a maior parte da literatura sobre política social tende

2. Trata-se de um consenso entre o conjunto dos autores estudados.

a superdimensionar seu papel, quando não vê este fenômeno em articulação com outras estratégias político-econômicas.

No entanto, a continuidade do sucesso da estratégia keynesiana encontrou limites estruturais. A busca de superlucros, associada a uma revolução tecnológica (e sua generalização) permanente, a ampliação da capacidade de resistência — mesmo que corporativa, conforme a acertada avaliação de O'Connor — do movimento operário e, ainda, a intensificação do processo de monopolização do capital, com seus "acordos" de preços, foram elementos que estiveram na base do novo período depressivo que se abre em fins da década de 60. O custo da estratégia keynesiana foi o "mar de dívidas" (públicas e privadas), a *crise fiscal* (O'Connor, 1977) e a *inflação permanente* (Aglietta, 1991), aprofundando-se as contradições fundantes do capitalismo. As despesas de manutenção da regulação do mercado colocam também em crise a política social. Contudo, a política social não é uma estratégia exclusivamente econômica, mas também política, no sentido da legitimação e controle dos trabalhadores, fato do qual decorre uma *crise de legitimação política articulada à queda dos gastos na área social.* Detenhamo-nos um pouco sobre as razões que fazem da estratégia keynesiana — a partir da passagem do *boom* que marcou sua utilização em larga escala — um elemento que acirra a crise.

Para explicar este processo faz-se necessário resgatar os aspectos centrais da expansão, assinalando as contradições internas que vão remeter à crise subseqüente. Na base do ciclo de expansão que se abre após 1945 estão: a situação excepcional da guerra e do fascismo; a revolução tecnológica; e, sobretudo, a derrota histórica do movimento operário ensejada com o fascismo e a guerra, mas também pelo destino da experiência soviética, que fragilizou o movimento operário quanto às suas projeções utópicas e direções históricas. Cabe destacar ainda que o pacto keynesiano só se viabilizou com a capitulação de muitas lideranças operárias — a exemplo da social-democracia européia — às demandas imediatas e corporativas, especialmente no setor monopolista. Esta situação é analisada pelos autores estudados, uns com maior profundidade e ênfase (O'Connor,

Mandel e Aglietta), outros superficialmente (Baran e Sweezy, e Boccara).

O que consubstancia, então, o capitalismo tardio e quais são os limites da expansão? Vimos com Mandel que há uma progressiva incorporação da revolução tecnológica (reprodução ampliada do capital fixo). A corrida aos superlucros no capitalismo tardio está centrada na busca de rendas tecnológicas, a partir da redução do tempo de rotação do capital fixo. Assim, percebe-se uma tendência à revolução tecnológica permanente, movida pela intensificação da concorrência em torno do diferencial da produtividade num mesmo ramo de produção, em escala mundial. Este processo leva ao que Mandel considera como a "quintessência objetivada das antinomias inerentes ao modo de produção capitalista", em sua fase tardia: à mudança do papel da força de trabalho no processo de constituição do valor. Há um intenso ressurgimento do exército industrial de reserva, configurando não um desemprego eventual, mas um *desemprego estrutural*, que, como sabemos, aprofundou-se no decorrer das três últimas décadas (Kurz, 1992; Rifkin,1995; Forrester, 1997). Esta situação, derivada da aceleração de conjunto do processo de produção capitalista, veio, progressivamente, desafiar as contratendências de cariz keynesiano, desde o planejamento indicativo até as políticas sociais.

A expansão do setor de serviços (funções intermediárias), inscrito na esfera da reprodução, absorveu parcela da mão-de-obra liberada. No entanto, também aí vislumbram-se limites importantes. Mandel ressalta a tendência da *supercapitalização*, ou seja, da industrialização da esfera da reprodução, em setores que não produzem mais-valia diretamente, mas que, indiretamente, aumentam a massa de mais-valia. Trata-se de impregnar o processo social de relações tipicamente capitalistas. Dessa forma, há um incremento tecnológico também na esfera da reprodução, visando à aceleração do conjunto do processo capitalista de produção pelo estímulo nas esferas da circulação e do consumo. Porém, a partir de um certo período, este movimento também expulsa força de trabalho.

Diante disso, o Estado intervencionista, na sua condição de *capitalista total ideal*, mesmo tendo à disposição parcela considerável do valor socialmente criado e um controle maior dos elementos do processo produtivo e reprodutivo, vai perder gradualmente a efetividade prática de sua ação. Isto porque, por um lado, ele se depara com a contraditória demanda pela extensão de sua regulação e, por outro, com a pressão da supercapitalização fortalecida pela queda da taxa de lucros. Para o capital, a regulação estatal só faz sentido quando gera um aumento da taxa de lucros, intervindo como um pressuposto do capital em geral. Dentro disso é que se torna aceitável certa redistribuição horizontal e limitada na forma de salários indiretos. A demanda contraditória sobre o Estado, por sua vez, é a expressão da contradição clássica e fundante do capitalismo entre o desenvolvimento das forças produtivas e as relações de produção.

Não é inexplicável, portanto, o ataque do discurso neoliberal às políticas sociais, com o argumento do excesso de paternalismo do *Welfare State* (Friedman, 1985; Hayek, 1995; Draibe, 1988 e 1993). Quando a regulação estatal cede aos interesses do trabalho, interferindo em alguma medida nas demais ações reguladoras em benefício do capital, multiplicam-se as reclamações do empresariado. Com a crise fiscal, decorrente da ampliação das demandas sobre o orçamento público (O'Connor, 1977), e da diminuição dos recursos — expressão das antinomias mais profundas do capitalismo deste final de século —, a "guerra" em torno da destinação dos recursos públicos é cada vez mais acirrada.

Para a política social, este conjunto de tendências e contratendências que constituem o capitalismo tardio traz conseqüências importantes. O desemprego estrutural acena para o aumento de programas sociais, inclusive de caráter assistencial permanente. Paradoxalmente, a crise das estratégias keynesianas — que Mandel (1990) descreve, de forma competente, ao avaliar os pequenos e singulares ciclos das décadas de 70 e 80 — e as demandas do capital em torno dos superlucros apontam para a diminuição dos gastos sociais.

Vale notar que, com toda a agitação dos neoliberais e monetaristas, o capital não prescindiu da reanimação monetária, no melhor estilo keynesiano, por ocasião das "recessões" de 1974-75 e 1980-82. Porém, sabe-se que, do arsenal das técnicas keynesianas, a política social foi a menos utilizada, ainda que não tenha sido completamente dispensada, *dependendo das opções políticas, econômicas e sociais de cada governo, sua relação com a classe operária e, sobretudo, sua inserção no capitalismo mundial.* A capacidade de cobertura de um padrão de proteção social é diretamente proporcional à condição do país de capitalismo central ou periférico. Contudo, em ambos os casos, há uma pressão pela diminuição de certas despesas públicas por parte do capital, contraditoriamente articuladas ao aumento das demandas postas ao Estado não apenas pelo trabalho, como bem acentua O'Connor. Aqui, emergem solicitações por parte do não-trabalho (setor informal e população que não trabalha), do setor não-monopolista etc.

O que se evidencia, portanto, é a dificuldade crescente de controle dos ciclos econômicos, no contexto da combinação perversa de racionalidade e irracionalidade, de organização e anarquia sob o capitalismo (Mandel, 1982; Baran & Sweezy, 1978). A expansão do crédito, um elemento central nesse processo, veio perdendo sua eficácia enquanto artifício limitador da crise de superprodução, pelo estímulo à realização do valor, em função das enormes e impagáveis dívidas públicas e privadas.

A onda longa com tendência à estagnação, coloca a política social no cerne da crise.[3] Chamo atenção para o fato de que o colapso dos regimes do Leste Europeu, ainda que dê certo fôlego ao capital por meio de uma abertura possível de novos mercados, não é capaz de obscurecer a crise do modo de produção capitalista, cujas antinomias ontológicas o impedem de se constituir como sistema capaz de garantir o nível de vida, o pleno emprego e as liberdades democráticas.

---

3. A Escola da Regulação fala de uma crise orgânica do capitalismo, com alterações no regime de acumulação que vão requerer um modo de regulação diferenciado, o que coloca a política social em xeque, já que esta crise orgânica se configura exatamente na relação salarial.

Especialmente no seu "elo mais fraco", essa perda de credibilidade é ainda mais contundente, mesmo com certa dificuldade de serem articuladas socialmente propostas alternativas de caráter anticapitalista, diferenciadas da experiência do *socialismo real*. Outra estratégia que dá certo fôlego ao capital é a participação em guerras localizadas (regulares ou não), escoando a produção e movimentando a indústria bélica, um sustentáculo amoral do mundo da "livre iniciativa".

A política social está no centro do embate econômico e político deste fim de século, como uma estratégia econômica e também política. Vasconcelos me auxilia acerca do *papel político do keynesianismo*. Segundo ele, ocorre um

> "deslocamento [...] de parte do conflito capital/trabalho para a lógica da cidadania e dos direitos sociais ou, na linguagem de Bowles e Gintis, uma proeminência do eixo distributivo na luta de classes, sendo seu maior foco o Estado" (1988:15).

O pacto keynesiano se funda na institucionalização das demandas do trabalho, deslocando o conflito para o interior do Estado. Neste espaço, há uma forte tendência à segmentação das demandas, bem como de tecnocratizar questões econômico-políticas, despolitizando-as (Bayer e Leys, 1986). Para enfrentar a luta e aprofundar as reivindicações nesse terreno, o movimento operário necessitaria de uma direção mais segura e politizada, o que se configurou nos últimos anos apenas ocasionalmente. É possível afirmar que o pacto keynesiano é viabilizado a partir de uma situação-limite para o movimento operário: o vácuo de direções nacionais e internacional, com um projeto econômico-político claro e independente; e o corporativismo que decorre daí e remete o movimento ao imediatismo dos acordos em torno da produtividade, sobretudo no setor monopolista, sem nenhuma visão da totalidade e da solidariedade de classe. No entanto, como já vimos, o capital não encontrou a "pedra filosofal". Mesmo aqui se impõem contradições, quando se adentra no período recessivo, com dificuldades crescentes na negociação com o próprio setor operário monopolista, em função da baixa global da taxa de lucros.

Os salários indiretos, dentro do pacto keynesiano, são concessões/conquistas mais ou menos elásticas, dependendo da correlação de forças entre os interesses das classes sociais e seus segmentos envolvidos na questão. No período de expansão, a margem de negociação se amplia; na recessão, ela se restringe. Portanto, *os ciclos econômicos balizam as possibilidades e limites da política social.* A perspectiva da totalidade permite compreender o contexto em que se movem as políticas sociais, visualizando uma ação política mais coerente e com maior efetividade prática na conjuntura econômica e política.

Após este percurso analítico, afigura-se que os parâmetros teórico-metodológicos que estão colocados pela maioria dos analistas da política social — a política social como direito de cidadania e/ou como elemento redistributivo — são insuficientes e, mais, mitificadores da realidade, nos termos sugeridos na Introdução deste livro. Vimos que a política social não se fundou, sob o capitalismo, numa verdadeira redistribuição da riqueza. Observamos que a política social ocupa certa posição político-econômica, a partir de um determinado período histórico, e que a economia política se movimenta historicamente a partir de condições objetivas e subjetivas. Portanto, o significado da política social não pode ser apanhado nem exclusivamente pela sua inserção objetiva no mundo do capital, nem apenas pela luta de interesses dos sujeitos que se movem na definição de tal ou qual política, mas, historicamente, na relação desses processos na totalidade. A generalizada associação entre redistribuição de renda, cidadania e democracia nas condições específicas do capitalismo mundial (central e periférico) em fins deste século é, no mínimo, discutível. Assim, esse discurso cerca de enfeites ações compensatórias, muitas vezes mínimas, considerada a extensão das demandas reais da população, particularmente no Terceiro Mundo.

Além disso, com aqueles parâmetros e argumentos, inviabiliza-se o delineamento de uma política social mais realista. Fica prejudicada a luta política em torno das demandas concretas dos trabalhadores, freqüentemente obstaculizadas, na onda longa depressiva, pela alardeada "escassez de recursos". Ao lutar no terreno do adversário, com parcerias e alianças no *espaço contraditório* do Estado, em geral, é necessário maior clareza sobre as múltiplas determinações que integram o processo de definição das políticas sociais, o que pressupõe qualificação teórica, ético-política e técnica (Netto, 1996). A recusa em trabalhar os determinantes estruturais da política social pode, por fim, gerar — e tem gerado — uma enorme frustração entre os profissionais que encaminham tais políticas, em função do seu baixo impacto, como é o caso dos assistentes sociais.

Constata-se que a política social — o "patinho feio" da estratégia keynesiana, que atende às necessidades do capital e, também, do trabalho, já que para muitos trata-se de uma questão de sobrevivência — configura-se, no contexto da estagnação, como *um terreno importante da luta de classes*. Trata-se da *defesa* de condições dignas de existência, em face do recrudescimento da ofensiva capitalista em termos do corte de recursos públicos para a reprodução da força de trabalho — função reiteradamente atribuída à política social pela literatura, e, também, em face do recuo no âmbito das políticas privadas (benefícios empresariais).

A partir dos vários elementos que procurei resgatar no decorrer desta problematização sobre a política social e a crise do capitalismo, penso ser possível contribuir para um enriquecimento do debate sobre política social. Por outro lado, são indicações valiosas para compreender o que pode ser caracterizada como uma ofensiva reação burguesa, que percorre a década de 80 e está em curso atualmente. Como se demonstrou, a tradição marxista é capaz de propiciar fecundos e relevantes subsídios para o debate sobre a política social, o que contesta o ambiente intelectual deste final de século. A crítica da economia política marxista contemporânea é, na verdade, uma referência imprescindível, *embora não absoluta*, para enfrentar os desafios postos pela realidade complexa e instigante do nosso tempo, com sua lógica aparentemente caótica e essencialmente perversa. Façamos, a partir destes aportes, uma caracterização de alguns elementos da dinâmica mais recente do mundo do capital.

2. A reação burguesa: reestruturação produtiva, globalização e neoliberalismo

Existem inúmeras diferenças teórico-metodológicas e políticas entre os analistas dos acontecimentos deste final de século. No entanto, é possível visualizar um consenso mínimo de que há um ambiente de profundas transformações, num trânsito para configurações originais no mundo da produção e da reprodução sociais. Porém, as interpretações são realmente diferenciadas. Alguns percebem esta abundância de sinais como "boas oportunidades", como um natural processo de "modernização". É desta forma que os fenômenos em curso aparecem nas revistas empresariais, na mídia falada e escrita, e nas entrevistas de membros dos governos, numa verdadeira *ditadura do pensamento único* (Forrester, 1997). Nestas intervenções, o desemprego estrutural é naturalizado e só resta a preparação dos indivíduos para a brutal competição num mercado para poucos. Afinal, o mercado é sinônimo de equilíbrio, é auto-regulável e as disfunções são passageiras. O emprego perdido reaparecerá, então, em outro setor.

Outros percebem processos de superação do *trabalho* como categoria ontológica central e medida estruturante da história da sociedade, já que a tendência é ao desemprego de muitos e ao "tempo livre". Trata-se de um passo acelerado na direção de uma sociedade pós-industrial, onde, inclusive, o conceito de *classe social* se dilui. Este é o raciocínio de autores com influência significativa no pensamento social, como Gorz, Tourraine, Habermas e Offe, *guardadas as diferenças e particularidades da produção de cada um*. A realidade é que existe neste raciocínio grande aposta numa hegemonia social-democrata na condução desse processo de mudanças, rumo a um projeto social "para além do socialismo" e do capitalismo. Entretanto, o fato é que a chamada reestruturação produtiva vem descaracterizando e desorganizando a social-democracia, e não o inverso (Antunes, 1995). Por outro lado, é um renovado fetichismo considerar tais mudanças como sinais de uma nova ordem societária, e ou de uma superação do mundo das mercadorias.

Contudo, as mudanças estão em curso desafiando as opiniões formadas. Que processos são estes e como explicá-los? Qual a sua repercussão na política social? Sem a pretensão de esgotar tais questões, procurarei caracterizar estas transformações, mantendo distância das versões delineadas anteriormente. Trata-se de uma *reação burguesa* à crise configurada por aquelas tendências delineadas anteriormente.

Desde a década de 70, como se viu, vêm se afirmando algumas tendências no contexto da crise global contemporânea (Netto, 1993), que se abre a partir de então. Tal crise expõe o fim da *comemoração americana* dos anos de crescimento do pós-guerra, e a crise do *Welfare State*, processos estes amplificados pela crise no *socialismo real*. Longe de serem conjunturais, são tendências que promovem inflexões estruturais na produção/acumulação, com fortes repercussões na esfera da regulamentação/reprodução. Vale lembrar a interpretação de Grassi, Hintze e Neufeld, que apontam:

> "[...] o 'ajuste estrutural' não se coloca exclusivamente como um problema de natureza econômica, mas como parte de uma redefinição global do campo político cultural e do caráter das relações sociais, que é expressão — por sua vez — dos resultados da luta social e parte de um projeto de 'reintegração social' com parâmetros distintos daqueles que 'entraram em crise' desde os anos 70" (1994:11).

Para Mandel (1990), já se sabe, a recessão de 1974-75 denota o esgotamento do *boom* do pós-guerra e o início de uma onda longa recessiva. Para David Harvey (1993), um marxista americano atento aos acontecimentos mais recentes, cuja análise enriquece a discussão a partir dos recursos da Escola da Regulação Francesa,[4] assiste-se à passagem de um

4. Ver Capítulo 4.

padrão de acumulação e regulamentação fordista-keynesiano para um novo padrão — a *acumulação flexível*. Há grande consenso entre os pesquisadores de que a crise de 1974-75 demarca um momento de inflexão. O dissenso está nas explicações. Mas, antes delas, vale observar os sinais que em grande abundância insistentemente anunciam uma nova etapa no mundo do capital.

Como resposta à queda das taxas de lucro na década de 70, os anos 80 são marcados por uma ofensiva revolução tecnológica na produção (confirmando a assertiva mandeliana da corrida tecnológica e do diferencial de produtividade do trabalho como fonte dos superlucros), pela globalização da economia e pelo ajuste neoliberal.

No mundo da produção e do trabalho generaliza-se o modelo japonês, o toyotismo ou ohnismo (Coriat, 1994). É a chamada produção flexível, que altera o padrão rígido fordista da linha de montagem, da produção em massa para um consumo de massa. Ricardo Antunes oferece um amplo panorama das implicações da reestruturação produtiva, de como "o toyotismo penetra, mescla-se ou mesmo substitui o padrão fordista dominante" (1995:16).

Nessa *nova forma produtiva*, forja-se uma articulação entre descentralização produtiva e avanço tecnológico. Há também uma combinação entre trabalho extremamente qualificado e desqualificação. Contrapondo-se à verticalização fordista, a produção flexível é horizontalizada/descentralizada. Trata-se de terceirizar e subcontratar uma rede de pequenas/médias empresas, muitas vezes com perfil semi-artesanal e familiar.

A produção é conduzida pela demanda e sustenta-se na existência do estoque mínimo. O *just in time* e o *kanban* asseguram o controle de qualidade e o estoque. Aqui um pequeno grupo de trabalhadores multifuncionais ou polivalentes opera uma ilha de máquinas automatizadas, num processo de trabalho intensificado, que diminui ainda mais a *porosidade* no trabalho. Diminui, também, a hierarquia no chão de fábrica, já que o "grupo" assume o papel de controle e chefia. Acrescente-se a pressão patronal pelo sindicalismo por empresa —

sindicalismo de envolvimento — e a pressão do *desemprego para toda a vida*, e tem-se o caldo de cultura para a adesão às novas regras (Mattoso, 1995 e Forrester, 1997).

Como o toyotismo é baseado em tecnologias capital intensivas e poupadoras de mão-de-obra, os efeitos sobre a força de trabalho têm sido devastadores, caracterizando um processo de *heterogeneização, fragmentação e complexificação da classe trabalhadora* (Antunes, 1995). Observa-se os fenômenos do aprofundamento do *desemprego estrutural*, da rápida destruição e reconstrução de habilidades, da perda salarial e do retrocesso do poder sindical (Mattoso, 1995).

Para Harvey, há uma radical reestruturação do mercado de trabalho, no sentido de regimes e contratos de trabalho mais flexíveis e da redução do emprego regular em favor do trabalho em tempo parcial, temporário ou subcontratado. Ele vê um grupo de trabalhadores *centrais*, que têm maior estabilidade, perspectivas de promoção e reciclagem, bons salários diretos e indiretos, e se caracterizam por sua adaptabilidade, flexibilidade e mobilidade. Na periferia, Harvey identifica outros dois grandes grupos de trabalhadores. No primeiro, tem-se os empregados em tempo integral com habilidades menos especializadas, que possuem alta taxa de rotatividade e menos oportunidades que os trabalhadores centrais. No segundo, e este grupo é o que mais tem crescido, tem-se os trabalhadores em tempo parcial, casuais, com contrato por tempo determinado, e sem direitos assegurados: são os *subcontratados*.

Para Antunes, esta configuração do mercado de trabalho revela uma processualidade contraditória que combina a desproletarização do trabalho industrial fabril com uma subproletarização (com aumento do assalariamento). Daí advém a idéia de uma *sociedade dual*. Impõe-se, então, simultaneamente, uma tendência à qualificação e intelectualização dos trabalhadores centrais, de maneira paralela à desespecialização e desqualificação do *subproletariado moderno*.

Como se pode constatar, esses processos abalam fortemente as condições de vida e de trabalho da *classe-que-vive-para-o-trabalho*, e vêm desencadeando mudanças nas formas de sua organização política. Presencia-se a queda dos índices de sindicalização bem como a dificuldade de organizar o *subproletariado moderno*. Há dificuldades em tecer alianças entre os segmentos *centrais* e os precarizados e subcontratados (o que dizer dos definitivamente expulsos?), impondo-se tendências neocorporativas e individualistas. Esses processos apontam para obstáculos na constituição de uma *consciência de classe para si*, minando a solidariedade de classe e enfraquecendo a resistência à reestruturação produtiva. Vera Telles (1994) oferece elementos bastante instigantes para pensar a relação entre a reestruturação produtiva, a reprodução da pobreza e a cidadania, chamando a atenção para a dificuldade de articulação dos sujeitos políticos em função, também, da fratura de identidades promovida pela condição de precariedade. A reestruturação produtiva vem sendo conduzida em combinação com o ajuste neoliberal, o qual implica a desregulamentação de direitos, o corte dos gastos sociais, deixar milhões de pessoas à sua própria sorte e "mérito" individuais — elemento que também desconstrói as identidades, jogando os indivíduos numa aleatória e violenta luta pela sobrevivência. A crise deste sujeito político decisivo — os trabalhadores — implica, portanto, limites para a formulação e condução de uma alternativa na direção apontada por Hobsbawm:

> "[...] Se a humanidade quer ter um futuro reconhecível, não pode ser o prolongamento do passado ou do presente. Se tentarmos construir o terceiro milênio nessa base, vamos fracassar. E o preço do fracasso, ou seja, a alternativa para uma mudança da sociedade, é a escuridão" (1995:562).

Quero assinalar, então, que o caráter da organização do trabalho na revolução tecnológica em curso é desagregador da solidariedade e regressivo. No entanto, se há dificuldades e grandes desafios, a perplexidade que tomou conta das direções políticas dos trabalhadores, sobretudo daquelas que tendem a recusar soluções *neocorporativas* e de *envolvimento*, começa lentamente a ceder espaço à busca de alternativas. O movimento social formula seus *kikenshiso* — pensamentos perigosos, como diz a burguesia japonesa (Joffily, 1993). Por exemplo, para

Jane Slauter (1994), é um grande desafio para os sindicatos aprender a funcionar na produção ajustada (*lean production*), ganhando poder coletivo para restringir a flexibilidade arbitrária da direção, assegurando conquistas no acordo coletivo ou alterando a cultura da fábrica, por intermédio da defesa de direitos no dia-a-dia.

Contudo, há experiências de resistência ao toyotismo, onde o movimento dos trabalhadores procura transformar o grupo em terreno de luta, em vez de gestor de empresa. Esta foi, por exemplo, a direção assegurada no acordo coletivo da Mazda americana em 1991. Lá os trabalhadores conquistaram a eleição dos coordenadores dos grupos, o que se tornou posteriormente reivindicação de todas as fábricas com *just in time*. Conseguiram desafiar as normas de produção colocando representantes sindicais para vigiar os padrões de produção, e a empresa não pode intensificar o ritmo da produção sem comunicá-los. A autora sugere outras frentes de resistência: o combate aos empregos temporários a partir da constituição de grupos fixos; a definição clara nos acordos coletivos de direitos e procedimentos sem "flexibilidade"; e a independência sindical, não aceitando propostas de co-gestão.

Bernardo Joffily acrescenta a centralidade da luta pela redução da jornada de trabalho e da perspectiva de conjunto a ser retomada pelo movimento sindical, para sair da resistência e articular uma contra-ofensiva. Para ele, há que tornar transparente o potencial libertário das novas tecnologias, mas, ao lado disso, denunciar seu conteúdo regressivo como estratégia de reprodução ampliada do capital, cuja maior expressão é o desemprego estrutural. Hoje, existem cerca de 36 milhões de desempregados apenas nos países de capitalismo central, bem como a retomada da extração da mais-valia absoluta no setor terceirizado, semi-artesanal e familiar. Alain Lipietz (1988), numa análise da introdução do fordismo na periferia do mundo do capital, fala inclusive de uma *taylorização sanguinária*, referindo-se à estratégia da acumulação dos chamados *tigres asiáticos* com sua combinação perversa de estagnação do poder aquisitivo, extensão da jornada de trabalho e patriarcado, num contexto de reserva inesgotável de força de trabalho, em sua maioria feminina e disponível para as indústrias têxtil e eletrônica. Esta realidade não está longe de nós. Em São Paulo, existem verdadeiros núcleos de produção insalubres, incrustados nos cortiços do centro, cheios de gente trabalhando em condições de subcontratação e superexploração.

As metamorfoses do mundo do trabalho são acompanhadas pelo processo de globalização da economia. Trata-se, conforme Husson (1994), da formação de um mercado unificado com campanhas mundializadas, bem como da configuração de uma base planetária de concepção, produção e distribuição de produtos e serviços, inclusive com uma redefinição das especialidades no mercado mundial. A globalização vem se revelando um processo contraditório, desigual e assimétrico. Tal processo vem sendo intensificado pela revolução tecnológica, sobretudo com a horizontalização das empresas e sua ligação pela rede de informática; e pelo neoliberalismo, cuja essência é o afastamento dos obstáculos legais e políticos à circulação do fluxo de mercadorias e dinheiro. No entanto, ela está longe de promover uma homogeneização do espaço econômico, reafirmando a idéia de um desenvolvimento desigual e combinado do capitalismo.

É sintomático o caráter dos acordos de formação dos blocos econômicos e mercados comuns. O Mercosul, por exemplo, vem se revelando como um acordo apenas econômico e aduaneiro. Circulam as mercadorias e o dinheiro, mas não transitam as pessoas, a força de trabalho. Embora existam grupos de trabalho para pensar o significado desse acordo para as profissões, suas implicações para a configuração diferenciada em termos de regulamentação profissional, códigos de ética ou mesmo de legislação trabalhista dos países, este processo caminha muito mais lentamente que a regulamentação em aspectos mais estritamente econômicos. O caráter do receituário neoliberal também vem dificultando acordos em alguns casos. Este é o exemplo da relação entre a União Européia e a Inglaterra. A aplicação ortodoxa das proposições neoliberais levou a uma queda do desemprego na Inglaterra, mas com o custo de uma redução das leis trabalhistas ao mínimo, o que dificulta a unificação de procedimentos trabalhistas com os demais países da Europa. Segundo matéria do *Jornal do Brasil*,

> "Não existe no país limite legal ao número de horas de trabalho, nem salário mínimo, nem férias anuais remuneradas. É por isso que a Grã-Bretanha está recebendo investimentos bilionários das empresas sul-coreanas Samsung e LG. Os salários aqui são inferiores aos da Coréia do Sul" (14 de novembro de 1996).

Para Husson, já existem fortes impactos da globalização no papel do Estado. Percebe-se a dissolução da unidade constitutiva do Estado e do capital nacionais. Os Estados nacionais têm dificuldades em desenvolver políticas industriais, restringindo-se a tornar os territórios nacionais mais atrativos às inversões estrangeiras. Os Estados locais convertem-se em ponto de apoio das empresas, que, por sua vez, se tornam *organizações de governo da economia mundial*. O modelo de ajuste proposto pelo Banco Mundial e o FMI, sobretudo para o Terceiro Mundo, reforça a perda de substância dos Estados nacionais, que, ao reorientarem a parte mais competitiva da economia para a exportação (o que implica, para alguns países, um largo processo de desindustrialização e a volta a certas "vocações naturais"), conterem o mercado interno e bloquearem o crescimento dos salários e dos direitos sociais, *encontram dificuldades de desempenhar suas funções de regulação econômico-sociais internas*.

Para este autor, há, com a globalização, uma tendência à diminuição do controle democrático, com a configuração de um Estado forte e enxuto que *despreza o tipo de consenso social dos anos de crescimento*, com claras tendências antidemocráticas. Na América Latina assiste-se a práticas políticas extremamente nefastas do ponto de vista da democracia, que vão desde a fujimorização até o autoritarismo de Fernando Henrique Cardoso no Brasil, por meio das medidas provisórias e do clientelismo com o Congresso Nacional, governos estaduais e municipais (Diniz, 1997 e Dallari, 1997). A mesma prática tem realizado o governo Menen, na Argentina, gerando uma reação exemplar dos trabalhadores, com o *apagón* e a greve geral (outubro de 1996).

Harvey relaciona a globalização a uma tendência geral do período da acumulação flexível, que ele caracteriza como *compressão do espaço-tempo*. Se o tempo de giro do capital na produção e no consumo é decisivo para a lucratividade, como vimos em Mandel, a acumulação flexível é precisamente a criação de condições para isso, o que gera uma aceleração de conjunto de todos os processos de vida social — do cotidiano ao sistema bancário, com sua diluição do tempo nos *mercados de futuros*. Segundo Harvey:

> "[...] os horizontes temporais da tomada de decisões privada e pública se estreitaram enquanto a comunicação via satélite e a queda dos custos de transporte possibilitaram cada vez mais a difusão imediata dessas decisões num espaço cada vez mais amplo e variado" (1993:140).

Chama a atenção, ainda, um outro aspecto. Para além da perda de substância do Estado engendrada pela globalização, observa-se que àquela perda soma-se um outro elemento já sinalizado anteriormente: a *crise fiscal do Estado*. Da virada para a onda longa com tonalidade depressiva a partir de 1973 decorre uma inflexão no gasto público. É o fim dos anos de ouro do keynesianismo e da combinação entre capitalismo e social-democracia. Segundo a OCDE, no período de 1960-82, a receita média dos países-membros sobre o PIB aumentou de 26% em 1960 para 42% em 1982. Enquanto isso, o gasto médio sobre o PIB aumentou de 20% em 1960 para 47% em 1982. Assim, vai-se de um *superávit* em 1960 a um *déficit* em 1982. O momento da inflexão é justamente o ano de 1973, quando o ciclo econômico é revertido (OCDE, 1985).

Ocorre que, dentre os aspectos da intervenção estatal que fazem parte de seu papel como *capitalista total ideal* e pressuposto geral do capital (Mandel, 1982), foram ampliadas as fronteiras da proteção social, seja por pressão dos excluídos do pacto *welfareano* pela universalização dos gastos sem contrapartida; bem como pela pressão dos incluídos no mesmo pacto com correções de benefícios maiores que a inflação. Ao lado disso, já havia resistência à ampliação da carga tributária. No contexto da reversão do ciclo econômico, a renda nacional cai ao mesmo tempo que a carga tributária efetiva (o que é diferente da carga tributária potencial), enquanto aumenta o gasto em função das estratégias keynesianas de contenção do ciclo depressivo (*déficit* público). Outro aspecto aqui é a tendência de crescimento da renúncia fiscal, que, para Sulamis Dain (1996), consiste na explicação primeira da crise fiscal. Se fosse computada a carga tributária potencial (que inclui a renúncia), a questão do *déficit*, na opinião dessa autora, estaria minimizada. Para David Heald (1983), trata-se de uma redistribuição às avessas, que tende a se ampliar na crise, constituindo um *Welfare State invisível*, o qual beneficia o empresariado.

Contudo, para além do impacto da renúncia fiscal crescente no contexto da crise, *a reestruturação produtiva tem fortes implicações para a carga tributária*. A pulverização da grande indústria e o crescimento do mundo da informalidade desencadeiam a perda do *power of enforcement* do Estado e a baixa na arrecadação, já que o controle fiscal de pequenas empresas e do trabalho informal encontram grandes dificuldades de operacionalização. *Dain* também chama a atenção para o fato de que a regulação keynesiana se preparou para um contexto de desemprego conjuntural, diante do qual é admissível o *déficit* público para estimular a demanda efetiva. Entretanto, a revolução tecnológica infirma a hipótese keynesiana como estratégia de largo prazo, haja vista o desemprego estrutural, a tendência à horizontalização das empresas e a globalização.[5]

Num contexto em que há pressão pelo aumento do gasto *vis-a-vis* com a pressão para uma queda da receita, a disputa pelos fundos públicos intensifica-se. É nesse contexto que, sob

5. As contribuições de Sulamis Dain, que incluem análises imprescindíveis sobre a dinâmica do setor público nos tempos atuais, e que incorporo a este trabalho, advêm de dois cursos que tive oportunidade de realizar na UERJ sob orientação dela, um deles como crédito para o doutorado. Portanto, parte do que exponho aqui são anotações de aulas.

o argumento da escassez de recursos, de conter o *déficit* público, ou mesmo, como no caso do Brasil hoje, de evitar a volta da inflação não emitindo moeda, preconiza-se o corte dos gastos estatais, para o "equilíbrio das contas públicas", como indicador de saúde econômica. Então, a política social entra no cenário como paternalismo, como geradora de desequilíbrio, como algo que deve ser acessado via mercado, e não como direito social. Daí as tendências de desresponsabilização e desfinanciamento da proteção social pelo Estado, o que, *aos poucos* (já que há resistências e sujeitos políticos nesse processo), vai configurando um *Estado mínimo* para os trabalhadores e um *Estado máximo* para o capital (Netto, 1993). Este último não prescinde de seu pressuposto geral, que lhe assegura as condições de produção e reprodução. Hoje, cumprir com esse papel é facilitar o fluxo global de mercadorias e dinheiro, por meio da desregulamentação de direitos sociais, de garantias fiscais ao capital, da "vista grossa" para a fuga fiscal, da política de privatização (supercapitalização), dentre inúmeras possibilidades que pragmaticamente viabilizem a realização dos superlucros e da acumulação.

Este é o caráter do ajuste estrutural proposto pelos organismos internacionais, como forma pela qual as economias nacionais devem adaptar-se às novas condições da economia mundial. Como bem apontam Grassi, Hintze e Neufeld (1994), estes mesmos organismos já admitem hoje o custo social e político (*governabilidade*[6]) do ajuste, tanto que passaram a ter preocupações em relação ao flagrante crescimento da pobreza e decadência de indicadores sociais nos países que vêm aplicando o receituário econômico do Banco Mundial e do FMI (cf. Relatório do Banco Mundial de 1990). Este interessante estudo das autoras argentinas mostra os discursos de consultores e dirigentes dessas agências, desnudando o caráter meramente compensatório da intervenção social presente em suas propo-

6. Há visões diferentes sobre o conceito de governabilidade. Uma delas tem um conteúdo claramente conservador. Trata-se do conceito de Samuel Huntington. Para um balanço desse debate e a proposição de uma visão alternativa, consultar: Diniz (1996 e 1997).

sições. O estudo identifica ainda as divergências entre os vários organismos das Nações Unidas quanto à questão das estratégias de enfrentamento da pobreza. Porém, fundamentalmente, o ajuste tem passado pela desregulamentação dos mercados, pela redução do *déficit* fiscal e/ou do gasto público, por uma clara política de privatização, pela capitalização da dívida e um maior espaço para o capital internacional, inclusive como condição para empréstimos. Para a política social, a grande orientação é a focalização das ações, com estímulo a fundos sociais de emergência. Segundo Grassi et al.

> "a estratégia da *focalização* é correlata à individualização da força de trabalho e da possibilidade estrutural da exclusão de uma parte dela no mercado de trabalho; diga-se, da forma legítima de acessar os recursos. Do mesmo modo que a estratégia do 'desenvolvimento de comunidade' foi coerente no contexto desenvolvimentista" (1994:19).

Para elas, há um *novo cenário para a política social*, que cria novas condições para a luta social onde: "nem consumo coletivo, nem direitos sociais, apenas assistência focalizada para aqueles 'com menor capacidade de pressão'" (1994:21).

Na verdade, o keynesianismo encontrou seus limites históricos e teóricos. As tendências essenciais e contraditórias do capitalismo, que "aparece como uma imensa coleção de mercadorias" (Marx, 1988:45), se estabelecem com toda força. O capitalismo na sua fase tardia, na sua sobrevida engendrada pelo fordismo/keynesianismo, começa a dar sinais de esgotamento e crise a partir de 1973, que serão respondidos objetiva e subjetivamente pelo capital com a reestruturação produtiva, a globalização e a ofensiva neoliberal. Tal resposta, por sua vez, tem a particularidade de amplificar as contradições e ambigüidades do mundo do capital no sentido da barbarização da vida social. Ou seja, trata-se de reinaugurar um ciclo de expansão da taxa de lucros, num contexto de fragilidade dos trabalhadores, e com um custo social altíssimo. *O capitalismo, portanto, nunca foi tão capitalista e suas contradições nunca foram tão explícitas.*

Em que pese a sobrevida promovida pela intervenção estatal anticíclica, não foi possível limitar definitivamente o descompasso entre produção e realização da mais-valia, que leva à crise de superprodução e superacumulação. Assistiu-se, dessa forma, aos processos pelos quais a *lei do valor* se confirma (Mandel, 1990; Harvey, 1993; e Mota, 1995), bem como à busca incessante de perenização do capital por meio da reestruturação da produção e do mercado, mantendo-se sua característica desigual e combinada.

Vale retomar, nesta altura, o raciocínio mandeliano à luz da descrição sumária das tendências predominantes. A forma central das contradições econômicas no capitalismo tardio é a superprodução latente de meios de produção, que já vinha se difundindo desde meados da onda longa expansiva. A era dos monopólios transnacionais faz com que a busca de superlucros se dê a partir do diferencial de produtividade do trabalho. Tal quadro altera o comportamento dos elementos que compõem a lei do valor e leva à intensificação das contradições do mundo do capital, conforme Mandel.[7]

Daí decorrem o limite histórico da onda expansiva e o caráter regressivo e destrutivo das forças produtivas (Mészáros, 1989), que acompanham a resposta do capital à queda da taxa de lucros decorrente da intensificação de tais contradições a partir da década de 80. O mundo do capital desenvolve, portanto, as forças produtivas a tal ponto que sua perenização tende a intensificar suas contradições essenciais expressas na lei do valor. Este parece ser o significado das tendências atuais, em que a revolução tecnológica implica superlucros, mas não reanimação do capitalismo com taxas de crescimento como as anteriores a 1973, na *Era de Ouro* (Hobsbawm, 1995).

David Harvey compartilha do argumento marxista de que a "tendência de superacumulação nunca pode ser eliminada sob o capitalismo" (1993:170). Ele identifica "um lado heróico da vida e da política burguesas" na eterna luta contra a superacumulação, quando esta pode colocar em xeque a ordem

---

7. Ver Capítulo 5.

capitalista. Dentro disso, vê a *desvalorização* de mercadorias, de capacidade produtiva e de dinheiro; o *controle macroeconômico,* do qual o keynesianismo é um exemplo de forma de regulação; e o *deslocamento temporal e espacial*, como formas combinadas de, nesta crise, controlar a superacumulação. Nesta última estratégia, Harvey identifica fortes contradições e riscos pela utilização em larga escala do crédito, pelo aumento do volume de capital fictício e pelos endividamentos privados e públicos daí decorrentes. Mandel e Harvey parecem ter em comum a seguinte avaliação, que aparece expressa na fala do segundo autor e compõe um parâmetro geral para pensar a contemporaneidade e a condição da política social:

> "Muito embora as atuais condições sejam muito diferentes em inúmeros aspectos, não há dificuldade em perceber que os elementos e relações invariantes que Marx definiu como peças fundamentais de todo o modo capitalista de produção ainda estão bem vivos e, em muitos casos, com uma vivacidade ainda maior que a de antes, por entre a agitação e evanescência superficiais tão características da acumulação flexível" (Harvey, 1993:176).

Cabe reter como síntese o recente balanço sobre o neoliberalismo feito pelo historiador Perry Anderson (1995). Segundo ele, se todos estes processos reanimaram, em fins dos anos 80 e início dos 90, as agonizantes taxas de lucro do capitalismo mundial, por outro lado não reverteram em investimento e crescimento econômico real. Essa grande massa de capital acumulado prefere "passear" de um lado a outro do mundo, pelos *bites* da informática, buscando as melhores taxas de juros e cambiais, com a aquiescência dos governos nacionais, enquanto milhões de pessoas vivem nestes mesmos países em condições bárbaras e indignas de vida e trabalho. Victor Hugo em seu *Os miseráveis* dizia, chamando atenção para as emergentes condições da modernidade, que: "É preciso que a sociedade volte os olhos para essas coisas, já que é ela que as faz". No entanto, tudo indica que a modernidade ainda não atendeu ao seu chamado.

BIBLIOGRAFIA

AGLIETTA, Michel. *Regulación y crisis del capitalismo*. Madri, Siglo Veintiuno Editores, 1991.

ALTVATER, Elmar. "A teoria do capitalismo monopolista de Estado e as novas formas de socialização capitalista". In HOBSBAWM, Eric J. (org.). *História do marxismo: o marxismo hoje*. 2ª parte, Rio de Janeiro, Paz e Terra, 1989, v. XII.

ANDERSON, PERRY. *Considerações sobre o marxismo ocidental*. Porto, Afrontamento, 1976.

______. *A crise da crise do marxismo*. 3ª ed. São Paulo, Brasiliense, 1987.

______. "As antinomias de Gramsci". In *Crítica marxista*. São Paulo, Joruês, 1984.

______. "Balanço do neoliberalismo". In SADER, Emir e GENTILI, Pablo (orgs.). *Pós-neoliberalismo: as políticas sociais e o Estado democrático*. Rio de Janeiro, Paz e Terra, 1995.

ANTUNES, Ricardo. *Adeus ao trabalho?* São Paulo, Cortez, 1995.

BANCO MUNDIAL, *Relatório sobre o desenvolvimento mundial 1990*. Rio de Janeiro, Fundação Getúlio Vargas, 1991.

BAYER, Gustavo F. e LEYS, Hector R. "Saúde enquanto questão politicamente intermediada". In *Serviço Social & Sociedade* nº 22, São Paulo, Cortez, 1986.

BARAN, P. A. *A economia política do desenvolvimento*. São Paulo, Abril Cultural, 1984.

BARAN, P. A. e SWEEZY, P. M. *Capitalismo monopolista. Ensaio sobre a ordem econômica e social americana.* 3ª ed. Rio de Janeiro, Zahar, 1978.

BEHRING, Elaine Rossetti. "Política social e capitalismo contemporâneo: um balanço crítico bibliográfico". Dissertação de Mestrado, Rio de Janeiro, ESS/UFRJ, 1993, mimeo.

BOCCARA, Paul et al. *Études sur le Capitalisme Monopoliste D'État: sa Crise et son Issue*. Paris, Editions Sociales, 1971.

BOTTOMORE, T. (org.). *Dicionário do pensamento marxista*. Rio de Janeiro, Zahar, 1988.

BOYER, Robert. *A teoria da regulação: uma análise crítica*. São Paulo, Nobel, 1990.

______ e SAILLARD, Yves. *Théorie de la Régulation: L'État des Savoirs*. Paris, La Découverte, 1995.

BRAGA, Ruy. *A restauração do capital: um estudo sobre a crise contemporânea*. São Paulo, Xamã, 1996.

BRAVERMANN, Harry. *Trabalho e capital monopolista*. 3ª ed. Rio de Janeiro, Zahar, 1981.

BRIGHTON LABOUR GROUP. *O processo de trabalho capitalista*. Texto didático n. 37, Rio de Janeiro, IEI/UFRJ, 1994.

BRUNO, Miguel A. P. "A macroeconomia da teoria da regulação: uma análise do projeto teórico regulacionista". Dissertação de Mestrado, UFF/Niterói, 1997, mimeo.

COIMBRA, Marco Antônio, ABRANCHES, Sérgio e SANTOS, W. G. dos. *Política social e combate à pobreza*. Rio de Janeiro, Zahar, 1987.

COLETIVO DA UNIVERSIDADE DE BERLIM. *Guia para a leitura do capital*. Lisboa, Antídoto, 1978.

CORIAT, Benjamin. *Pensar pelo avesso*. Rio de Janeiro, Editora da UFRJ/Revan, 1994.

COUTINHO, Carlos. N. *Gramsci: um estudo sobre seu pensamento político*. Rio de Janeiro, Campus, 1989.

______. *O estruturalismo e a miséria da razão*. Rio de Janeiro, Paz e Terra, 1972.

DAIN, Sulamis. "O Real e a Política". In SADER, Emir et alii. *O Brasil do Real*. Rio de Janeiro, UERJ, 1996.

DALLARI, Dalmo. "O Estado de Direito segundo Fernando Henrique Cardoso". In Revista *Praga* nº 3. São Paulo, Hucitec, 1997.

DINIZ, Eli. "Governabilidade, democracia e reforma do Estado: os desafios da construção de uma nova ordem no Brasil dos anos 90". In DINIZ, Eli. (org.) *O desafio da democracia na América Latina*. Rio de Janeiro, IUPERJ, 1996.

______. *Crise, reforma do Estado e governabilidade*. Rio de Janeiro, Fundação Getúlio Vargas, 1997.

DRAIBE, Sonia M. "O 'Welfare State' no Brasil: características e perspectivas". In *Ciências Sociais Hoje*. ANPOCS, 1989.

______. "As políticas de combate à pobreza na América Latina" In *Ciências Sociais Hoje*. ANPOCS, 1989a.

______. "As políticas sociais e o neoliberalismo". In *Revista USP*, nº 17, São Paulo, 1993.

______ e HENRIQUE, W. "Welfare State, crise e gestão da crise: um balanço da literatura internacional". In *Revista Brasileira de Ciências Sociais* nº 6, São Paulo, ANPOCS/Cortez, 1988.

ENGELS, F. *A origem da família, da propriedade e do Estado*. São Paulo, Global, 1984.

FALEIROS, Vicente de P. *A política social do Estado capitalista*. 3ª ed. São Paulo, Cortez, 1983.

______. *O que é política social*. São Paulo, Brasiliense, 1986.

______. *O trabalho da política: saúde e segurança dos trabalhadores*. São Paulo, Cortez, 1992.

FORRESTER, Viviane. *O horror econômico*. São Paulo, Ed. Unesp, 1997.

FRIEDMAN, Milton. *Capitalismo e liberdade*. São Paulo, Nova Cultural, 1985.

GRAMSCI, Antonio. *Maquiavel, a política e o Estado moderno*. 5ª ed. Rio de Janeiro, Civilização Brasileira, 1984.

GRASSI, Estela; HINTZE, Susana e NEUFELD, María Rosa. *Políticas sociales: crisis y ajuste estructural*. Buenos Aires, Espacio Editorial, 1994.

HAYEK, Friedrich A. *Camino de Servidumbre*. Madri, Alianza Editorial, 1995.

HARVEY, David. *Condição pós-moderna*. São Paulo, Loyola, 1993.

HEALD, David. *Public expenditure*, Oxford, Inglaterra, Martin Robertson, 1983.

HOBSBAWM, Eric. *Era dos extremos: o breve século XX*. São Paulo, Companhia das Letras, 1995.

HUGO, Victor. *Os miseráveis*. São Paulo, Círculo do Livro, 1988.

HUSSON, Michael. "Estado e mundialização". In *Inprecor — América Latina*. Abril de 1994.

IAMAMOTTO, Marilda e CARVALHO, Raul. *Relações Sociais e Serviço Social*. São Paulo, Cortez, 1982.

JOFFILY, Bernardo. "Uma revolução que desafia". In *De Fato — Revista da CUT*. São Paulo, CUT, 1993.

KEYNES, J. M. *Teoria geral do emprego, do juro e do dinheiro*. São Paulo, Abril Cultural, 1983.

KONDRATIEFF, N. D. et alii. *Los ciclos económicos largos*. Madri, Akal, 1979.

KOSIK, K. *Dialética do concreto*. 4ª ed., Rio de Janeiro, Paz e Terra, 1976.

KOWARICK, Lúcio "Processo de Desenvolvimento do Estado na América Latina e Políticas Sociais". In *Serviço Social & Sociedade* nº 17. São Paulo, Cortez, 1985.

KONDER, Leandro. *A derrota da dialética*. Rio de Janeiro, Campus, 1988.

______. *O futuro da filosofia da práxis*. Rio de Janeiro, Paz e Terra, 1992.

KURZ, Robert. *O colapso da modernização*. Rio de Janeiro, Paz e Terra, 1992.

LANDIM, Leilah. *Para além do mercado e do Estado? Filantropia e cidadania no Brasil*. Rio de Janeiro, Série Textos de Pesquisa, ISER, junho de 1993.

LIPIETZ, Alain. *Miragens e milagres: problemas da industrialização no Terceiro Mundo*. São Paulo, Nobel, 1988.

LENIN, V. I. *Imperialismo, fase superior do capitalismo*. 5ª ed. São Paulo, Global, 1987.

______. *O Estado e a revolução*. 3ª ed. Avante, Lisboa, 1983.

LÖWY, Michael. *As aventuras de Karl Marx contra o barão de MünchHausen*. São Paulo, Busca Vida, 1987.

______. *Método dialético e teoria política*. Rio de Janeiro, Paz e Terra, 1985.

LUKÁCS, Georg. *História e consciência de classe*. Porto, Elfos, 1989.

______. *Ontologia do ser social: os princípios ontológicos fundamentais de Marx*. São Paulo, Ciências Humanas, 1979.

LUXEMBURG, Rosa. *A acumulação do capital*. 2ª ed. São Paulo, Nova Cultural, 1985.

______. *Reforma, revisionismo e oportunismo*. Rio de Janeiro, Civilização Brasileira, 1975.

MANDEL, Ernest. *A formação do pensamento econômico de Karl Marx*. Rio de Janeiro, Zahar, 1968.

______. *Ensayos sobre el neocapitalismo*. México, Ediciones Era, 1971.

______. *Tratado de economia marxista*. Lisboa, Edições Delta, 1975.

______. *Crítica do eurocomunismo*. Lisboa, Antídoto, 1978.

MANDEL, Ernest. *Da comuna a maio de 68*. Lisboa, Antídoto, 1979.

______. *Marxismo revolucionário atual*. Rio de Janeiro, Zahar, 1981.

______. *O capitalismo tardio*. 2ª ed. São Paulo, Nova Cultural, 1982.

______. *O lugar do marxismo na história*. São Paulo, Aparte, 1987.

______. *Além da Perestroika*. São Paulo, Busca Vida, 1989.

______. *A crise do capital*. São Paulo, Ensaio/Unicamp, 1990.

MARSHALL, T. H. *Cidadania, classe social e status*. Rio de Janeiro, Zahar, 1967.

MARX, Karl. *Capítulo inédito D'O capital*. Porto, Escorpião, 1975.

______. *O capital*. São Paulo, Nova Cultural, 1988, v. I, II, e III.

______ e ENGELS, F. *Manifesto comunista*. Rio de Janeiro, Paz e Terra, 1997.

MATTICK, Paul. *Crítica de los neomarxistas*. Barcelona, Ediciones Península, 1977.

MATTOSO, Jorge. *A desordem do trabalho*. São Paulo, Scritta, 1995.

MELLO, João Manuel C. de. *O capitalismo tardio*. 8ª ed. São Paulo, Brasiliense, 1991.

MENEZES, Maria Tereza C. G. de. *Políticas de assistência pública no Brasil. Em busca de uma teoria perdida*. São Paulo, Cortez, 1993.

MÉSZÁROS, I. *Produção destrutiva e Estado capitalista*. São Paulo, Ensaio, 1989.

MÉSZÁROS, I. "A crise atual" In *Ensaio* nºˢ 17/18, São Paulo, Ensaio, 1989a.

MOTA, Ana Elizabete. *Cultura da crise e Seguridade Social: um estudo sobre as tendências da Previdência e da Assistência Social brasileira nos anos 80 e 90*. São Paulo, Cortez, 1995.

NETTO, José Paulo (org.). *Lukács*. São Paulo, Ática, 1981. (Col. Grandes Cientistas Sociais.)

______. *Capitalismo e reificação*. São Paulo, Ciências Humanas, 1981a.

______. *Ditadura e Serviço Social*. São Paulo, Cortez, 1991.

______. *Crise do socialismo e ofensiva neoliberal*. São Paulo, Cortez, 1993.

______. "Transformações societárias e Serviço Social". In *Serviço Social & Sociedade*, nº 50, São Paulo, Cortez, 1996.

______. "Marx de Sousa Santos". In *Praia Vermelha*, nº 1, Rio de Janeiro, UFRJ, 1997.

OCDE. "The Role of The Public Sector: Causes and Consequences of The Growth in Governement". In *Economic Studies*, nº 4, Paris, 1985.

O'CONNOR, James. *USA: A crise do Estado capitalista*. Rio de Janeiro, Paz e Terra, 1977.

OLIVEIRA, Francisco de. *Crítica à razão dualista*. 4ª ed. Petrópolis, Vozes/Cebrap, 1981.

______. *A economia da dependência imperfeita*, Graal, 1984.

PEREIRA, Potyara A. P. "O Estado de bem-estar e as controvérsias da igualdade" In *Serviço Social & Sociedade* nº 20, São Paulo, Cortez, 1986.

______. "Conceitos e funções da Assistência Social". NEPPOS, UnB/CEAM, 1991, mimeo.

POULANTZAS, N. *As classes sociais no capitalismo de hoje*. 2ª ed. Rio de Janeiro, Zahar, 1978.

QUIROGA, Consuelo. *Invasão positivista no marxismo: manifestações no ensino da metodologia no Serviço Social*. São Paulo, Cortez, 1991.

RAICHELIS, Raquel. "A construção da esfera pública no âmbito da política de Assistência Social". Tese de Doutorado, São Paulo, PUC/SP, 1997, mimeo.

RIFKIN, Jeremy. *O fim dos empregos*. São Paulo, Makron Books, 1995.

ROSDOLSKY, Roman. *Génesis y estructura de El Capital de Marx*. 6ª ed. México, Siglo Veintiuno Editores, 1989.

RUBIN, I. I. *A teoria marxista do valor*. São Paulo, Polis, 1987.

SABÓIA, João. "Regulação, crises e relação salarial fordista". Texto para Discussão nº 177. Rio de Janeiro, IEI/UFRJ, 1988.

______. "Salário e produtividade na indústria brasileira: Os efeitos da política salarial no longo prazo" In *Pesquisa e Planejamento Econômico*, v. 20, nº 3, Rio de Janeiro, 1990.

SANDRONI, Paulo. *Dicionário de economia*. 3ª ed. São Paulo, Círculo do Livro/Nova Cultural, 1992.

SANTOS, Boaventura de Sousa. *Pela mão de Alice: O social e o político na pós-modernidade*. 2ª ed. São Paulo, Cortez, 1996.

SANTOS, Wanderley Guilherme dos. *Cidadania e justiça*. 2ª ed. Rio de Janeiro, Campus, 1987.

SCHERER-WARREN, Ilse. "Organizações não-governamentais na América Latina: seu papel na construção da sociedade civil". *Cadernos de Pesquisa*, nº 1, UFSC, 1994.

SCHUMPETER, J. *Capitalismo, socialismo e democracia*. Rio de Janeiro, Zahar, 1984.

SLAUGHTER, Jane. "O novo local de trabalho e os trabalhadores". In: Jornal *Em Tempo* nº 286. São Paulo, Aparte, 1997.

SONNTAG, H. R. e VALECILLOS, H. *El Estado en el capitalismo contemporáneo*. 8ª ed. México, Siglo Veintiuno Editores, 1988.

SPOSATI, A. de O. et alii. *Assistência na trajetória das políticas sociais brasileiras*. 3ª ed. São Paulo, Cortez, 1987.

______. *Os direitos (dos desassistidos) sociais*. São Paulo, Cortez, 1989.

SWEEZY, P. M. *Teoria do desenvolvimento capitalista*. 4ª ed. Rio de Janeiro, Zahar, 1976.

TAUILLE, José Ricardo. "Microeletrônica, Automação e Desenvolvimento Econômico". Rio de Janeiro, IEI/UFRJ, 1988, mimeo.

TELLES, Vera. "Pobreza e cidadania: precariedade e condições de vida". In *Terceirização: diversidade e negociação no mundo do trabalho*. São Paulo, Hucitec/CEDI-NETS, 1994.

THOMPSON, E. P. *A miséria da teoria ou um planetário de erros*. Rio de Janeiro, Zahar, 1981.

VASCONCELOS, Eduardo M. "Estado e políticas sociais no capitalismo: uma abordagem marxista". In *Serviço Social e Sociedade*, nº 28. São Paulo, Cortez, 1988.

______. "Políticas sociais no capitalismo periférico". In *Serviço Social e Sociedade*, nº 29. São Paulo, Cortez, 1989.

VÁSQUEZ, Adolfo. S. *Filosofia da práxis*. Rio de Janeiro, Paz e Terra, 1977.

______. *Ciência e revolução*. Rio de Janeiro, Civilização Brasileira, 1980.

VEBLEN, T. "Teoria do consumo conspícuo". In *A teoria da classe ociosa*. São Paulo, Pioneira, 1968.

VIANNA, M. L. T. W. "A emergente temática da política social na bibliografia brasileira". In *B.I.B.* nº 28. Rio de Janeiro, 1989.

Impressão e Acabamento
Bartira
Gráfica
(011) 4393-2911